외국인을 위한

대학 한국어 1

비판적 읽기와 학문적 쓰기

고려대학교 기초교육원 사고와표현 교재편찬위원회

개정판

KOREA UNIVERSITY PRESS
고려대학교 출판문화원

저자 노정은
고려대학교 문학 박사
(전) 고려대학교 기초교육원 초빙교수
(현) 한성대학교 크리에이티브인문학부 한국어교육트랙 조교수

류선숙
고려대학교 문학 박사
고려대학교 기초교육원 초빙교수

박현진
고려대학교 문학 박사
(전) 고려대학교 기초교육원 초빙교수
(현) 전주대학교 인문대학 한국어문학과 조교수

오선경
고려대학교 문학 박사
(전) 고려대학교 기초교육원 초빙교수
(현) 고려대학교 한국어센터 전임강사

이선영
고려대학교 문학 박사
(전) 고려대학교 기초교육원 초빙교수
(현) 고려사이버대학교 한국어학과 조교수

이유경
고려대학교 문학 박사
(전) 고려대학교 기초교육원 초빙교수
(현) 경기대학교 융합교양대학 교양학부 조교수

한하림
고려대학교 문학 박사
고려대학교 기초교육원 초빙교수

감수 최호철
고려대학교 국어국문학과 교수

김정숙
고려대학교 국어국문학과 교수

머리말

한국 대학에 입학하는 외국인 유학생의 수가 해마다 증가함에 따라 외국인 유학생의 학문 활동과 대학 생활 적응에 대한 관심도 높아지고 있습니다. 특히 학문적인 글을 읽고 한국어로 표현하는 능력은 대학에서 공부하기 위해 반드시 필요합니다.

고려대학교 기초교육원에서는 외국인 유학생들을 위해 사고와표현 외국인특별반을 개설하여 운영하고 있습니다. 외국인 유학생들이 순조로운 대학생활을 영위하고 성공적인 학업 수행을 할 수 있도록 돕기 위해서입니다. 그간 외국인 유학생들을 위해 노력해 온 기초교육원은 이들의 기초 교양과 언어 능력을 배양하기 위해 『외국인을 위한 대학 한국어 1, 2』를 개발하게 되었습니다.

『외국인을 위한 대학 한국어』는 대학에서 갖추어야 할 교양 지식과 학문적인 담화공동체 안에서 통용될 수 있는 표현을 가르치기 위해 개발되었습니다. 이 교재의 가장 큰 특징은 비판적 사고를 위한 〈이해〉와 학문적 글쓰기를 위한 〈표현〉으로 구성을 분리하였다는 것입니다. 외국인 유학생들은 이 교재를 통해 대학에서 접할 수 있는 실제적인 텍스트로 비판적 사고를 연습하고 학문적으로 글을 쓰는 것을 배우게 될 것입니다.

이 교재는 오랫동안 많은 분들의 노력이 축적된 결과물입니다. 우선 강의와 연구를 병행하며 대학 강의 현장에 맞는 교재를 쓰고자 고심해 오신 저자들께 감사드립니다. 또한 이 책의 완성도를 더 높일 수 있도록 조언해 주신 국어국문학과 최호철, 김정숙 교수님께도 깊은 감사의 마음을 전합니다. 아울러 출판과 관련된 제반 업무를 도와주신 기초교육원 식구들과 고려대학교 출판문화원 관계자 여러분께도 큰 감사를 드립니다.

이 교재가 국내외 대학에서 한국어를 공부하는 외국인들과, 그들의 학문적 의사소통 능력 향상을 위해 노력하고 있는 교수자들에게 도움이 될 수 있기를 바랍니다.

2019년 2월 25일

고려대학교 기초교육원장 **장동천**

제1부: 이해

『외국인을 위한 대학 한국어 1』〈이해〉에서는 인문학, 사회과학, 자연과학의 주요 담론을 주제로 한 읽기 자료를 통해 대학 수학에 필요한 기초 교양을 쌓을 수 있도록 한다. 다양한 주제의 텍스트를 사실적, 추론적, 비판적, 창의적으로 이해함으로써 학문적 맥락에서의 읽기를 경험한다. 또한 전략을 활용한 읽기를 연습하고 다양한 활동을 통해 자신이 이해한 바를 표현한다.

> **이 장에서는**
>
> 법은 시대, 문화, 국가에 따라서 다르다. 그러나 시대, 문화, 국가에 상관없이 누구나 지켜야 하는 보편적인 **규범**이 존재한다. 한 사회에서 사람들이 서로 사회적 관계를 유지하기 위해 지켜야 하는 규범이 바로 윤리이다. 이 장에서는 **윤리**란 무엇이며 윤리적 의무에는 어떠한 것이 있는지 공부해 보자.

이 장에서는

이 장의 학습 목표를 확인한다.

> **들어가기**
>
> 다음 그림을 보고 이야기해 보자.

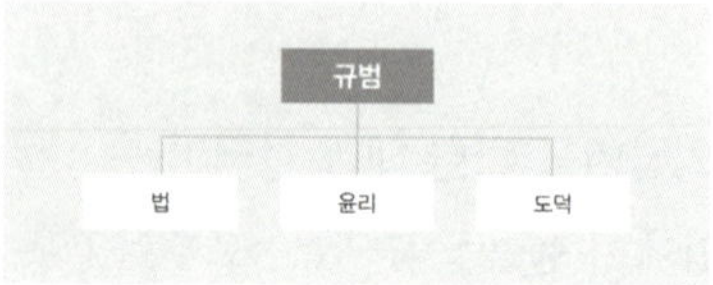

들어가기

주제와 관련된 핵심어와 핵심어가 사용된 그림을 통해 배경지식을 활성화하고 배울 내용에 대해서 생각해 본다.

> **이해하기 1**
>
> **1.** 글을 읽기 전에 다음에 대해 이야기해 보자.
>
> (1) 법과 윤리의 차이점은 무엇이라고 생각하는가?

이해하기 1, 2

주제와 관련된 학문적 텍스트를 전략적으로 읽고 글의 내용을 사실적, 추론적, 비판적, 창의적으로 이해한다.

> **심화하기**
>
> 자신의 사회적 역할에 따른 윤리적 의무에는 어떠한 것들이 있는지 토의해 보자.
>
> **1.** 이야기할 내용을 간단히 메모해 보자.

심화하기

이해하기 1, 2에서 이해한 내용을 바탕으로 주제에 대한 자신의 견해를 다양한 방식으로 표현한다.

> **자기평가**
>
> 이 장의 내용을 잘 이해했는가? 또한 주제에 대한 자신의 견해를 이야기할 수 있는가? 아래의 질문에 답해 보고 '못함'에 해당하는 항목이 있다면 앞으로 돌아가서 복습해 보자.

평가 내용	못함 ←→ 잘함
· 윤리와 윤리적 의무에 대해 이해했는가?	←-------→
· 글의 주제를 파악하며 읽을 수 있었는가?	←-------→
· 윤리적 의무에 대한 자신의 견해를 말할 수 있었는가?	←-------→

자기평가

이 장의 내용을 잘 학습하였는지 스스로 점검한다.

제2부: 표현

『외국인을 위한 대학 한국어 1』 〈표현〉에서는 정의, 예시, 비교와 대조 등의 수사적 기법과 학문적 글쓰기에 필요한 요약과 인용 등을 공부할 수 있다. 구체적인 설명과 예시를 통해 글을 쓰는 방법과 절차를 배운다. 그리고 절차에 따른 충분한 연습을 통해 짧은 길이의 글을 완성할 수 있다.

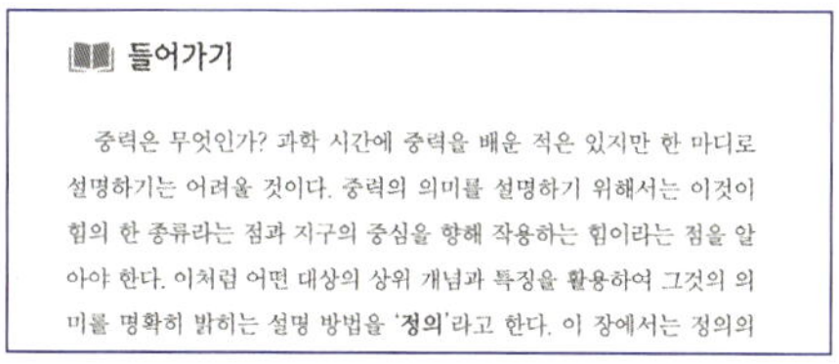

들어가기

중력은 무엇인가? 과학 시간에 중력을 배운 적은 있지만 한 마디로 설명하기는 어려울 것이다. 중력의 의미를 설명하기 위해서는 이것이 힘의 한 종류라는 점과 지구의 중심을 향해 작용하는 힘이라는 점을 알아야 한다. 이처럼 어떤 대상의 상위 개념과 특징을 활용하여 그것의 의미를 명확히 밝히는 설명 방법을 '**정의**'라고 한다. 이 장에서는 정의의

들어가기

그림이나 사진을 보면서 이 장에서 배울 내용이 어떤 글쓰기 맥락에서 사용되는지 알아본다.

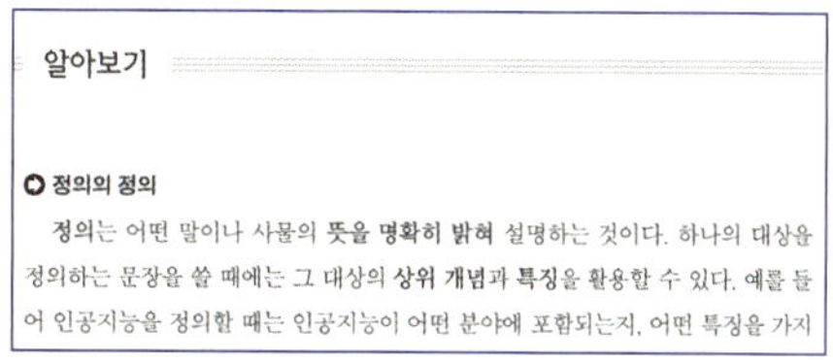

알아보기

정의의 정의

정의는 어떤 말이나 사물의 **뜻을 명확히 밝혀** 설명하는 것이다. 하나의 대상을 정의하는 문장을 쓸 때에는 그 대상의 **상위 개념**과 **특징**을 활용할 수 있다. 예를 들어 인공지능을 정의할 때는 인공지능이 어떤 분야에 포함되는지, 어떤 특징을 가지

알아보기

글쓰기를 위해 필요한 수사적 기법의 정의와 절차를 알아보고, 각 기법에서 자주 사용되는 표현들을 익힌다.

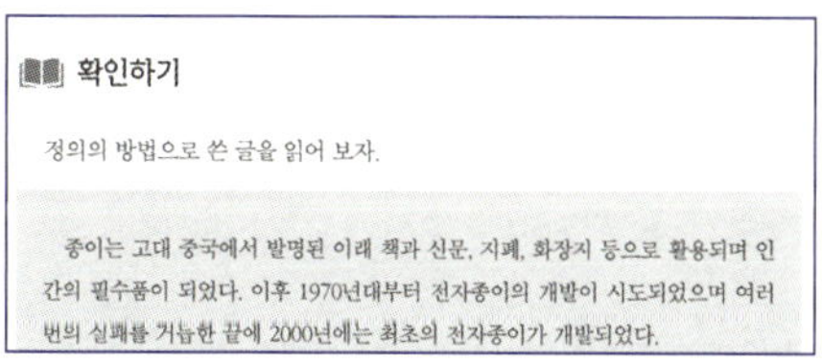

확인하기

정의의 방법으로 쓴 글을 읽어 보자.

종이는 고대 중국에서 발명된 이래 책과 신문, 지폐, 화장지 등으로 활용되며 인간의 필수품이 되었다. 이후 1970년대부터 전자종이의 개발이 시도되었으며 여러 번의 실패를 거듭한 끝에 2000년에는 최초의 전자종이가 개발되었다.

확인하기

짧은 예시 글을 읽고 **알아보기**에서 배운 내용을 확인한다.

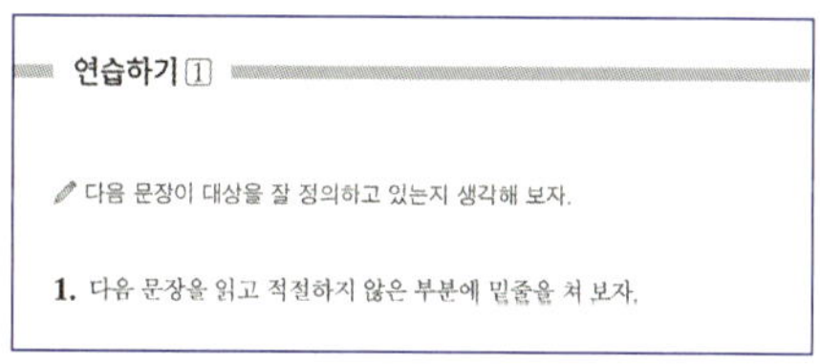

연습하기 1

다음 문장이 대상을 잘 정의하고 있는지 생각해 보자.

1. 다음 문장을 읽고 적절하지 않은 부분에 밑줄을 쳐 보자.

연습하기 1

알아보기에서 배운 절차와 표현을 단계별로 연습한다.

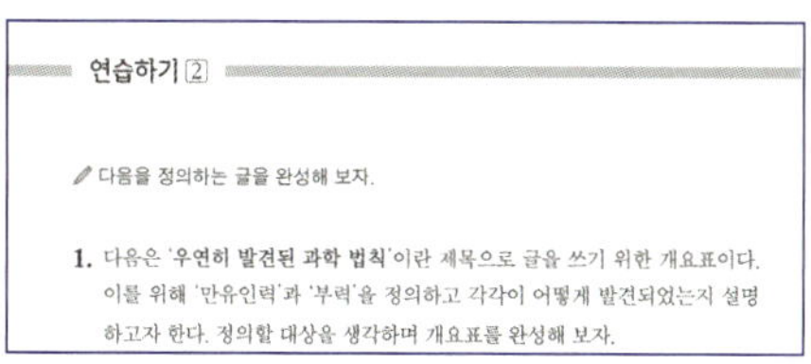

연습하기 2

다음을 정의하는 글을 완성해 보자.

1. 다음은 '**우연히 발견된 과학 법칙**'이란 제목으로 글을 쓰기 위한 개요표이다. 이를 위해 '만유인력'과 '부력'을 정의하고 각각이 어떻게 발견되었는지 설명하고자 한다. 정의할 대상을 생각하며 개요표를 완성해 보자.

연습하기 2

알아보기에서 배운 내용을 바탕으로 문장을 쓰거나 짧은 글을 완성한다.

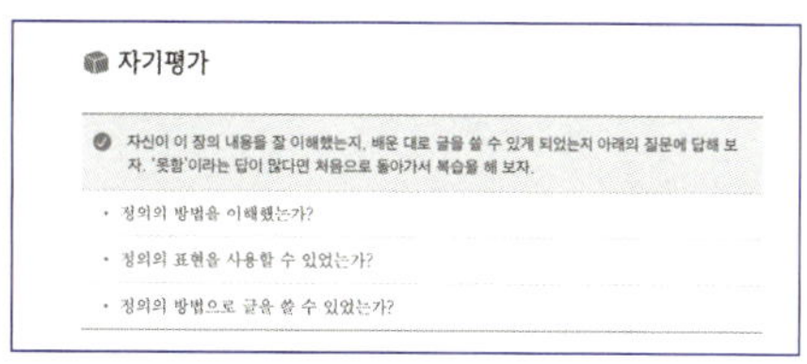

자기평가

자신이 이 장의 내용을 잘 이해했는지, 배운 대로 글을 쓸 수 있게 되었는지 아래의 질문에 답해 보자. '못함'이라는 답이 많다면 처음으로 돌아가서 복습을 해 보자.

- 정의의 방법을 이해했는가?
- 정의의 표현을 사용할 수 있었는가?
- 정의의 방법으로 글을 쓸 수 있었는가?

자기평가

이 장의 내용을 잘 학습하였는지 스스로 점검한다.

차례

1부 이해

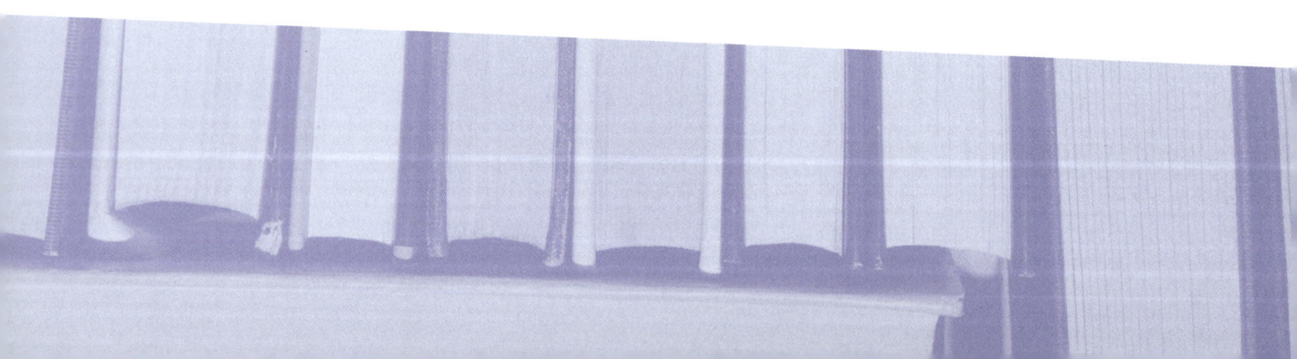

2부 표현

부록

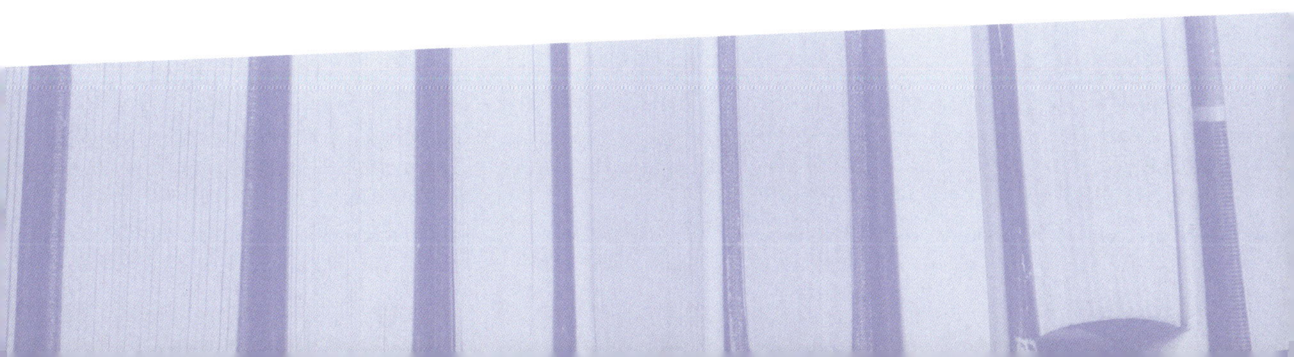

외국인을 위한 대학 한국어 1

비판적 읽기와 학문적 쓰기

1부 이해

1. 역사와 현재

2. 문학이 주는 즐거움과 교훈

3. 삶과 윤리

4. 예술과 인간의 삶

5. 문화의 이해

6. 정치 참여

7. 선택의 경제학

8. 인간의 생물학적 특징

9. 과학의 발전과 삶의 변화

10. 환경과 미래

1
역사와 현재

이 장에서는

역사를 바로 알면 **과거**의 기록을 **현재**의 교훈으로 삼을 수 있다. 그리고 역사 교육을 통해 과거의 사실이 정확히 전달되어야 후대의 사람들이 올바른 **역사의식**을 가질 수 있다. 이 장에서는 역사가 무엇인지 역사를 아는 것이 왜 중요한지에 대해 살펴보자.

들어가기

다음 그림을 보고 이야기해 보자.

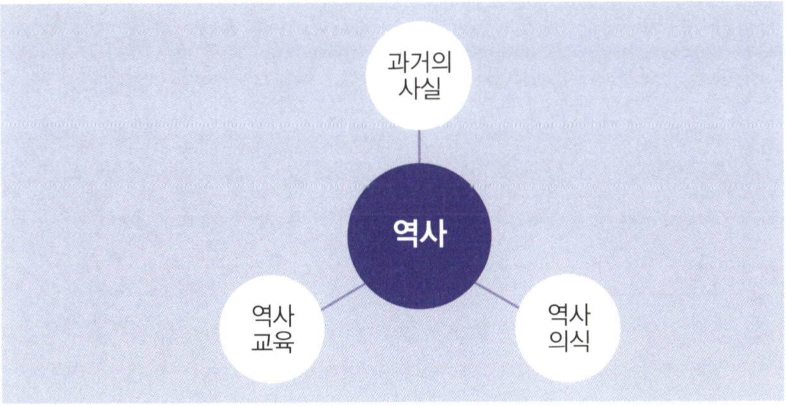

1. 우리가 역사를 알아야 하는 이유는 무엇인가?

2. 과거의 사실은 모두 역사가 되는가?

이해하기 1

1. 글을 읽기 전에 다음에 대해 이야기해 보자.

(1) 역사란 무엇이라고 생각하는가?

(2) 사람들이 역사를 공부하는 이유는 무엇인가?

2. 각 단락의 핵심 문장을 찾으며 글을 빠르게 읽어 보자.

많은 것이 그러하듯 역사도 인간 욕망의 표현이며 산물이다. 역사를 쓰는 사람과 읽는 사람, 이야기하는 사람과 듣는 사람에게는 모두 저마다의 욕망이 있다. 우리가 역사를 읽는 것은 어떤 욕망 때문일까? 무엇보다 재미가 있어서일 것이다. 역사는 사람에 대한, 사람의 생각과 행동에 관한, 사람이 개인이나 집단으로 이룬 성공과 실패에 얽힌 이야기다. 이런 주제만큼 재미있는 읽을거리가 그리 많지는 않다.

우리는 또한 현재를 이해하고 싶어서 역사를 읽는다. 인간은 운이 아주 좋아야 100년 정도 산다. 혼자 무인도에서 사는 게 아니라 특정한 기술과 제도, 문화, 관습이 지배하는 사회에서 다른 사람들과 관계를 맺고 살아간다. 그런데 지배적인 기술과 제도, 문화와 관습은 우리들 각자의 취향이나 의지와 무관하게 주어져 있으며 아무리 노력해도 짧은 시간에 크게 바꾸기 어렵다. 그런데 ㉠ 그것이 더러는 도무지 이해할 수 없을 만큼 어리석고 부당하며 더러는 큰 감사를 느낄 정도로 합리적이고 훌륭하다. 이 모든 것이 언제 어떻게 만들어졌는지, 우리는 도대체 왜 지금처럼 살고 있는지 알고 싶으면 역사를 살필 수밖에 없다.

우리는 또한 미래를 전망하고 싶어서 역사를 읽는다. 만약 인간의 행동과 사회의 변화를 추동하는 확고한 역사법칙을, 법칙까지는 아니더라도 뚜렷한 경향성이나 반복되는 변화의 패턴이라도 찾을 수 있다면 우리는 우리 앞에 무엇이 다가와 있는지 미리 감지할 수 있을 것이다. 미래를 엿보는 것은 그 자체로 짜릿한 지적 모험일 뿐만 아니라 내일의 삶을 계획하는 데도 도움이 된다.

사람에 따라서는 역사를 읽는 이유가 더 있을지도 모르겠다. 이 세 가지밖에 없다고 해도 사람마다 주된 동기는 다를 수 있으며 어느 것이 도덕적으로 더 우월하거나 철학적으로 더 훌륭하다고 평가할 근거는 없다.

유시민. 『역사의 역사』. 서울: 돌베개, 2018.

(1) 각 단락의 핵심 문장에 밑줄을 쳐 보자.

(2) 핵심 문장을 중심으로 글의 주제문을 써 보자.

3. 글을 다시 읽고 다음 질문에 답해 보자.

(1) 역사는 무엇에 대한 이야기인가?

(2) 사람들이 역사를 읽는 이유는 무엇인가?

4. 글의 내용을 바탕으로 다음에 대해 추론해 보자.

(1) 역사를 읽는 이유 중 가장 중요한 것은 무엇이겠는가?

(2) ㉠의 예에는 어떤 것들이 있겠는가?

5. 글에서 살펴본 역사를 아는 것의 중요성에 대해 더 이야기해 보자.

(1) 평소 역사에 대해 관심을 가지고 있었는가?

(2) 사람들이 역사에 대해 잘 알지 못하면 어떤 문제가 생기겠는가?

이해하기 2

1. 글을 읽기 전에 다음에 대해 이야기해 보자.

(1) 과거의 사실은 어떤 과정을 통해 역사가 되겠는가?

(2) 현재 사건을 이해할 때 역사를 참고하는 이유는 무엇이겠는가?

2. 글의 핵심 문장을 찾으며 빠르게 읽어 보자.

역사란 무엇인가. 역사 공부는 왜 필요한가. 역사의 본질과 역사 공부의 효용성에 대한 이 질문처럼 중요하면서도 답변하기 힘든 것도 없다.

'역사'는 단순히 '과거'라는 뜻으로 쓰이고 또는 '기록'이라는 뜻도 있다. 그런데 '과거'나 '기록'이나 모두가 공간·시간·사건에 있어서 무한하고 범위도 넓다. 뿐만 아니라 '기록' 자체가 무질서하고 잡다하고 때로는 거짓이 많은 까닭에 무엇이 '과거'의 진실인가는 쉽게 이해되는 것이 아니다.

따라서 '과거'는 고도의 사유 능력을 가진 학자들이 과학적인 방법론을 구사하여 재구성해야만 우리 앞에 어떤 실체로서 비로소 나타난다. 이와 같이 역사가에 의해서 해석되고 걸러진 과거가 바로 엄밀한 의미의 '역사'이다.

역사는 과거에 인류가 쌓아 온 수많은 경험들을 우리에게 알려 줌으로써 우리의 지식을 무한대로 넓혀 준다는 효용성도 있지만, 그와 더불어 역사를 통해 현재의 삶의 질을 높여 준다는 교훈성이 역사 공부의 보다 일차적인 효용성이라 할 수 있다. 역사를 흔히 '㉠ 과거와 현재의 대화'라고 한다든가 역사는 '정치의 거울'이라고 한다든가 '모든 역사는 현대사'라고 하는 따위의 말들이 모두 표현은 다르지만 역사의 현실적 유용성과 역사의식의 현실성을 지적한 것이라 할 수 있다.

언뜻 생각하기에 과거란 이미 지나간 것이고 의미를 잃은 것이라 생각할지 모르나 과거를 잊은 인간은 '㉡ 식물인간'이 되어 조만간 파멸하게 된다는 것을 알아야 한다. 과거와 현재는 서로 떨어져 있는 것이 아니라 시간의 흐름 속에서 앞과 뒤의 자리를 갖는 것일 뿐 본질적으로는 하나로 통일되어 있다. 과거가 원인이 되어 현재가 있는 것이므로 과거 없이는 현재도 존재하지 않는다. 역사가 과거를 다루는 학문이면서도 현실과 밀접하게 관련되어 있는 이유가 여기에 있다.

한국사특강편찬위원회 편. 『한국사특강』. 서울: 서울대학교출판부, 1990.

(1) 글을 세 단락으로 나누어 보자.

(2) 각 단락의 내용을 요약해 보자.

(가)	
(나)	
(다)	

3. 글을 다시 읽고 다음 질문에 답해 보자.

(1) 단순한 과거의 기록이 역사와 다른 점은 무엇인가?

(2) ㉠이 의미하는 것은 무엇인가?

4. 글의 내용을 바탕으로 다음에 대해 추론해 보자.

(1) 필자의 역사관에 대해 어떻게 생각하는가?

(2) ㉡의 사전적 의미는 무엇인가? 이 글에서는 어떤 의미로 사용되었는가?

5. 글에서 살펴본 역사의 교훈에 대해 더 이야기해 보자.

(1) 기억에 남는 역사적 사건은 무엇인지 이야기해 보자.

(2) 그 사건이 현재에 주는 교훈은 무엇인가?

심화하기

역사와 역사 교육의 관계를 생각하며 역사 교육의 중요성에 대해 토의해 보자.

1. 토의할 내용을 간단히 메모해 보자.

(1) 자기 나라에서는 역사 교육이 중요하게 다뤄지는 편인가?

(2) 역사를 바로 알기 위해 개인과 사회는 어떤 노력을 해야 한다고 생각하는가?

2. 메모한 내용을 바탕으로 서너 명이 한 팀이 되어 토의해 보자.

(1) 다른 사람의 이야기를 들으면서 잘 이해가 되지 않는 내용이나 표현을 메모해 보자.

(2) 토의가 끝나고 난 뒤 메모한 것을 질문해 보자.

3. 각 팀에서 토의한 내용을 정리하여 발표해 보자.

자기평가

이 장의 내용을 잘 이해했는가? 또한 주제에 대한 자신의 견해를 이야기할 수 있는가? 아래의 질문에 답해 보고 '못함'에 해당하는 항목이 있다면 앞으로 돌아가서 복습해 보자.

평가 내용	못함 ←→ 잘함
• 역사와 역사의 중요성에 대해 이해했는가?	←------→
• 글의 주제와 내용을 파악할 수 있었는가?	←------→
• 역사에 대한 견해를 이야기할 수 있었는가?	←------→

2

문학이 주는 즐거움과 교훈

이 장에서는

문학은 **언어**를 통해서 인간의 **감정**을 표현하는 **예술**이다. 예부터 지금까지 인간은 언어로 사랑과 슬픔, 고통을 노래해 왔다. 그리고 문학을 통해 인생의 교훈을 얻기도 했다. 이 장에서는 문학 작품을 읽는다는 것이 어떤 가치가 있는지 즐거운 문학 읽기는 어떤 것인지 생각해 보자.

들어가기

다음 그림을 보고 이야기해 보자.

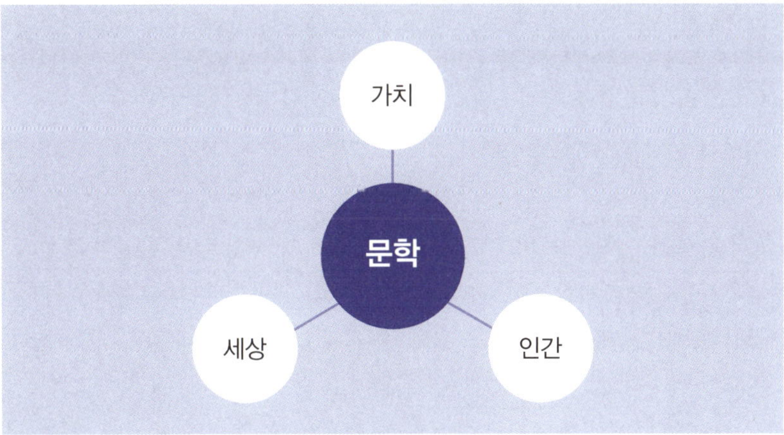

1. 인간은 문학을 통해 무엇을 얻는가?

2. 문학을 통해 세상을 안나는 것은 어떤 의미겠는가?

1. 글을 읽기 전에 다음에 대해 이야기해 보자.

(1) 문학 작품을 읽으면서 느낄 수 있는 감정에는 어떤 것들이 있는가?

(2) 문학 작품을 읽을 때 여러 감정을 느낄 수 있는 이유는 무엇인가?

2. 핵심어를 찾으며 글을 빠르게 읽어 보자.

문학은 그것을 수용하는 독자들에게 즐거움을 준다. 한 편의 소설을 읽고 그 속에서 재미를 느끼며, 한 편의 시를 통해 즐거움을 느끼기도 한다. 문학이 주는 즐거움은 작품에 따라 다르며, 그것을 읽는 독자에 따라서도 달라질 수 있지만, 문학이 즐거움을 준다는 사실만은 부인할 수 없다. 아름다운 시의 리듬을 통해 마음을 가다듬을 수 있고, 해학이 담긴 소설을 읽으면서 유쾌한 웃음을 지을 수 있다. 또한 복잡한 추리소설이 호기심을 충족시킬 수도 있다. (중략)

그러나 문학이 반드시 즐거움만을 선사하는 것은 아니다. 문학은 그것을 읽는 독자에게 끊임없이 감동을 준다. 문학은 단순히 즐겁다든가, 슬프다든가, 무섭다든가 하는 느낌만을 전달하는 것이 아니라, 무엇인가를 느끼고 생각할 수 있도록 만들어 준다. 문학이 주는 감동이란 ㉠ 독자의 마음속에 어떤 변화를 불러일으킨다는 말이다. 예를 들면, 김소월의 시 「진달래꽃」을 읽고 이별의 슬픔을 느꼈다거나, 심훈의 소설 『상록수』를 읽고 봉사 정신을 키우고자 결심하였다고 말할 수 있는 것이다.

문학은 독자에게 어떤 느낌을 주기도 하고, 무엇인가를 가르쳐 주기도 한다. 문학작품을 읽는 독자는 비록 그 내용이 분명하지는 않지만, 자신의 정신 문화를 어느 정도는 감지할 수 있다. 이러한 문학의 영향은 흔히 교화라는 말로 설명되기도 한다. 독자가 문학을 통해 얻어 내는 정신적인 교훈을 생각한다면, 문학은 언제나 ㉡ 교화의 기능을 담당하고 있는 셈이다. 물론, 위대한 사상이나 새로운 지식이 반드시 문학만을 통해서 전달되는 것은 아니다. 철학은 사상을 전달하고, 과학은 새로운 지식을 가르친다. 문학은 철학이나 과학처럼 직접적으로 어떤 지식을 전달하지는 않지만, 풍부한 내용을 통하여 감동적인 교훈을 남겨 준다.

권영민. 『문학의 이해』. 서울: (주)민음사, 2009.

(1) 각 단락의 핵심어에 밑줄을 쳐 보자.

(2) 핵심어를 중심으로 각 단락의 중심 내용을 정리해 보자.

3. 글을 다시 읽고 다음 질문에 답해 보자.

(1) 사람들은 문학에서 무엇을 얻을 수 있는가?

(2) ㉡의 의미는 무엇인가?

4. 글의 내용을 바탕으로 다음에 대해 추론해 보자.

(1) ㉠의 예에는 어떤 것들이 있겠는가?

(2) 문학이 다른 학문과 차별되는 점은 무엇이겠는가?

5. 글에서 살펴본 문학의 가치에 대해 더 이야기해 보자.

(1) 문학 읽기가 즐겁거나 괴로웠던 경험이 있는가? 언제, 어떤 상황이었는가?

(2) 사람들이 문학을 읽는 이유는 무엇일까?

1. 글을 읽기 전에 다음에 대해 이야기해 보자.

(1) 문학 작품에서 가장 익숙한 주제는 무엇인가?

(2) 문학 작품을 읽고 공감이 잘 될 때는 언제인가?

2. 제목에 대해 생각하며 글을 읽어 보자.

(가)

____

산모퉁이를 돌아 논가 외딴 우물을 홀로 찾아가선 가만히 들여다봅니다.

우물 속에는 달이 밝고 구름이 흐르고 하늘이 펼치고 파아란 바람이 불고 가을이 있습니다.

그리고 ㉠ 한 사나이가 있습니다.
어쩐지 그 사나이가 미워져 돌아갑니다.

돌아가다 생각하니 그 사나이가 가엾어집니다. 도로 가 들여다보니 사나이는 그대로 있습니다.

다시 그 사나이가 미워져 돌아갑니다.
돌아가다 생각하니 그 사나이가 그리워집니다.

우물 속에는 달이 밝고 구름이 흐르고 하늘이 펼치고 파아란 바람이 불고 가을이 있고 추억처럼 사나이가 있습니다.

윤동주. 『정본(定本) 윤동주 전집』. 서울: 문학과지성사, 2004.

(나)

풀꽃

자세히 보아야
예쁘다

오래 보아야
사랑스럽다

㉡ 너도 그렇다

나태주. 『나태주 시전집 제3권』. 서울: 고요아침, 2006.

(1) 시 (가)의 제목을 붙여 보자.

(2) 시 (나)의 제목이 풀꽃인 이유는 무엇이겠는가?

3. 글을 다시 읽고 다음 질문에 답해 보자.

(1) ㉠은 누구를 의미하는가?

(2) 화자가 ㉡과 같이 말한 이유는 무엇이겠는가?

4. 글의 내용을 바탕으로 다음에 대해 추론해 보자.

(1) 시 (가), (나)에서 느낄 수 있는 화자의 감정은 무엇인가?

(2) 시 (가), (나) 중 더 공감할 수 있는 작품은 어느 것인가?

5. 사람들이 좋아하는 시에 대해 이야기해 보자.

(1) 한국인이 좋아하는 시에는 어떤 것들이 더 있는가?

(2) 자신의 나라에서 많은 사람들이 좋아하는 시는 무엇인가?

심화하기

✎ 인상 깊게 읽은 문학 작품을 골라서 소개하고 느낀 점을 발표해 보자.

1. 발표할 내용을 메모해 보자.

- 작품 이름
- 읽은 시기
- 읽은 이유
- 작품 내용
- 인상 깊은 이유(사건, 장면, 인물, 구절 등)

2. 메모한 내용을 바탕으로 발표해 보자.

3. 다른 사람의 발표를 듣고 다음에 대해 이야기해 보자.

(1) 작품을 읽은 이유로 가장 많았던 것은 무엇인가?

(2) 가장 공감이 되는 이야기는 무엇인가?

(3) 발표를 듣고 읽고 싶어진 작품은 무엇인가?

자기평가

이 장의 내용을 잘 이해했는가? 또한 주제에 대한 자신의 견해를 이야기할 수 있는가? 아래의 질문에 답해 보고 '못함'에 해당하는 항목이 있다면 앞으로 돌아가서 복습해 보자.

평가 내용	못함 ←-------→ 잘함
• 문학의 가치에 대해 이해했는가?	←-------→
• 글의 주제와 내용을 이해할 수 있었는가?	←-------→
• 문학 감상을 이야기할 수 있었는가?	←-------→

3
삶과 윤리

이 장에서는

법은 시대, 문화, 국가에 따라서 다르다. 그러나 시대, 문화, 국가에 상관없이 누구나 지켜야 하는 보편적인 **규범**이 존재한다. 한 사회에서 사람들이 서로 사회적 관계를 유지하기 위해 지켜야 하는 규범이 바로 윤리이다. 이 장에서는 **윤리**란 무엇이며 윤리적 의무에는 어떠한 것이 있는지 공부해 보자.

들어가기

다음 그림을 보고 이야기해 보자.

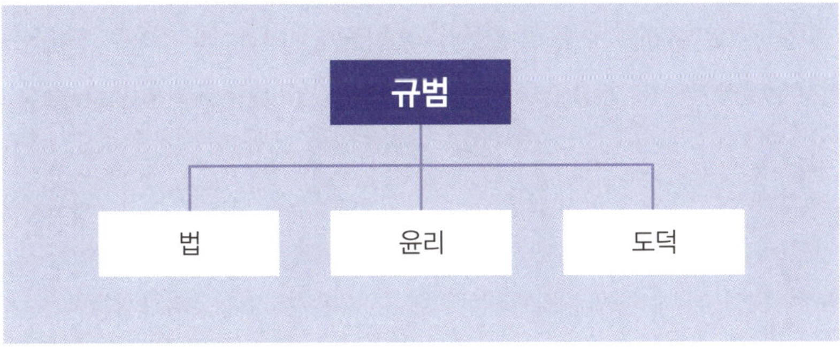

1. 규범에는 어떠한 것들이 포함되는가?

2. 한 사회에서 규범은 왜 필요한가?

이해하기 1

1. 글을 읽기 전에 다음에 대해 이야기해 보자.

(1) 법과 윤리의 차이점은 무엇이라고 생각하는가?

(2) 법은 존재하지만 윤리는 존재하지 않는 사회의 모습은 어떠할까?

2. 주제문을 찾으며 글을 빠르게 읽어 보자.

인간은 결코 독립적인 존재가 아니다. 人間(사람 사이)이라는 한자어가 보여주듯이, 인간은 그 탄생부터가 관계(인간 남녀의 만남과 결합)의 산물이며, 그 성장 또한 철저히 인간관계 속에서만 가능하다. 어린 시절에 경험하는 다정한 손길과 늘 보호받고 있다는 포근한 안도감은 인간이 커서 세상을 신뢰하고 다른 사람과 좋은 관계를 맺는 데 필수적인 정서적 안정감의 원천이 된다. 험한 세상을 살아가는 가운데서도 절대적인 사랑을 받았던 기억을 간직하고 있는 사람은 쉽게 좌절하지 않을 것이다. 이와 같이 인간은 인간관계를 떠나서는 존재할 수 없다. 그는 처음부터 본질적으로 사회적 존재이다.

어떤 학자는 "이 세상에 단 한 사람만이 남는다 하더라도 그가 따라야 할 윤리 혹은 도덕 법칙이 있다"고 말했지만, 그것은 보편타당한 윤리의 최종 원칙이 있어야 한다는 점을 강조하려고 했던 것일 뿐, 도덕이나 윤리가 사람이 ㉠ '더불어' 살아가는 데 필요한 규범 체계임을 부인할 사람은 거의 없을 것이다.

倫理라는 한자어에서 倫자는 '사람 人'과 '뭉치 侖'을 합해서 이루어진 글자로서 인간 집단, 무리, 질서 등을 의미한다. 그리고 理자는 원래 '옥(玉)을 다듬는다'는 뜻을 가지고 있었는데, 나중에 이치, 이법, 도리를 뜻하게 되었다. 그러므로 물리(物理)가 사물의 이치를 다루는 것처럼 윤리(倫理)는 인간관계의 이법, 즉 인간 사회의 도리를 다룬다고 말할 수 있을 것이다. 한편, 도덕이라는 한자어에서 道는 '길 또는 사람이 마땅히 행해야 할 도리'를 뜻한다. 또 德은 '얻음(得)'이라는 뜻과 함께 '윤리적 이상을 실현해 나가는 인격적 능력'

> 을 의미한다. 따라서 '도덕'이라는 말의 뜻은 'ⓒ 인간이 마땅히 행할 바 도리를 깨달아 그것을 실천할 수 있는 능력'이라 풀이할 수 있을 것이다. 우리는 이상과 같이 도덕 · 윤리라는 말의 어원적 탐구를 근거로 하여, 윤리학은 인간의 행위에 대한 도덕적 가치판단과 규범을 연구하는 학문이라고 말할 수 있다.
>
> 박찬구. 『개념과 주제로 본 우리들의 윤리학』. 파주: 서광사, 2014.

(1) 주제문에 밑줄을 쳐 보자.

(2) 그렇게 생각한 이유는 무엇인가?

3. 글을 다시 읽고 다음 질문에 답해 보자.

(1) ㉠의 의미는 무엇인가? 이를 알고 있는 다른 단어로 바꾸어 보자.

(2) 한자어 풀이를 통해 알 수 있는 '윤리'의 의미는 무엇인가?

4. 글의 내용을 바탕으로 다음에 대해 추론해 보자.

(1) ⓒ에서 도리를 '깨닫는 것'과 '실천하는 것'은 어떠한 차이가 있겠는가?

(2) 필자가 윤리를 설명하기 위해 사람의 성장 과정을 언급한 이유는 무엇이겠는가?

5. 글에서 살펴본 보편적인 윤리 규범에 대해 더 이야기해 보자.

(1) 시대에 따라 달라진 윤리 규범에는 어떠한 것들이 있는가?

(2) 시대, 문화, 국가와 관계없이 누구나 지켜야 하는 윤리 규범에는 어떠한 것들이 있는가?

이해하기 2

1. 글을 읽기 전에 다음에 대해 이야기해 보자.

(1) 보통 선행은 어떠한 행동을 말하는가?

(2) 인간이 선행을 하는 이유는 무엇인가?

2. 핵심어를 찾으며 글을 빠르게 읽어 보자.

우리는 흔히 이기적 행동을 비윤리적이라고 비난합니다. 다음과 같이 행동할 때 우리는 이기적 행위 혹은 이기주의자로 비난합니다. 즉, 어떤 방식으로든 다른 사람을 속여서 그 대가로 자신의 이익을 취하는 경우, 정당한 몫 이상을 가지려고 다른 사람의 정당한 몫을 빼앗으려는 경우, 그리고 자기 행동에 의해서 타인이 해를 받거나 고통을 받을 것이라는 사실에 무관심하고, 단지 자기의 개인적인 목적을 추구하기 위해 행동하는 경우입니다.

그러나 자신의 이익을 위해 행동하는 것이 꼭 이기적 행동을 의미하는 것은 아닙니다. 왜냐하면 자신의 이익을 위해 행동하는 것이 반드시 타인의 희생을 대가로 하는 것이 아니고, 불공정하거나 남에게 해로움을 끼치는 경우가 되는 것은 아니기 때문입니다. (중략)

윤리는 평범한 사람들의 도덕성이나 의지력을 기준으로 의무의 근거를 규정하는 것이지, 도덕적 영웅들이나 해낼 수 있는 높은 기준을 요구하지 않습니다. 모든 선행이 다 도덕적 의무인 것은 아니라는 말은 이런 의미입니다.

윤리에는 적극적인 면과 소극적인 면, 두 가지 측면이 있습니다. 소극적 윤리는 남에게 피해를 주지 말라는 것이고, 적극적 윤리는 다른 사람을 도와주라는 것입니다. 소극적 윤리에서 보면 도덕은 법과 같은 것으로 위반하면 악행이 됩니다. 적극적 윤리는 선행의 의무를 규정하고 있습니다. 선행은 자신의 생명이나 전 재산을 바치는 것과 같은 '의무를 넘어선 의무'도 있고, 반드시 실행해야만 하는 '윤리적 의무'도 있습니다.

일상에서 지켜야 하는 윤리적 의무는 대체로 우리가 조금만 마음 쓰면 실행할 수 있는 것들입니다. 이러한 의무 중 대부분은 다른 사람의 입장을 헤아리고 배려하면 가능한 것들입니다. 우리는 아침부터 잠잘 때까지 수없이 많은 사람들과의 관계 속에서 살아갑니다. 이러한 관계 속에서 다른 사람을 이해하고 배려하는 것이 윤리적 의무를 수행하는 기본입니다. 가까운 사람일수록 깍듯하게 대하는 것, 모르는 사람이라도 함부로 대하지 않는 것, 남에게 폐를 끼치지 않으려고 마음 쓰는 것, 이 모든 행위들이 바로 윤리적 삶을 살아가는 우리들의 모습입니다. 이렇게 보면 우리는 이미 윤리적 삶을 살고 있으며, 윤리를 실천하는 '도덕 행위자'라고 할 수 있습니다. ㉠ '윤리적 삶'이 반드시 어렵고 힘든 것만은 아니라고 하는 것은 이런 의미입니다.

도성달. 『윤리, 세상을 만나다』. 성남: 한국학중앙연구원출판부, 2013.

(1) 핵심어는 무엇인가?

(2) 그렇게 생각한 이유는 무엇인가?

3. 글을 다시 읽고 다음 질문에 답해 보자.

(1) 비윤리적이라고 비난받는 행동에는 어떠한 것들이 있는가?

(2) 적극적 윤리와 소극적 윤리의 차이는 무엇인가?

4. 글의 내용을 바탕으로 다음에 대해 추론해 보자.

(1) 필자가 ㉠과 같이 말한 이유는 무엇이겠는가?

(2) 필자의 관점에 따르면 '비윤리적인 삶'은 어떠한 삶이겠는가?

5. 글에서 살펴본 윤리적 의무에 대해 더 이야기해 보자.

(1) 일상적으로 지켜야 하는 윤리적 의무에는 어떠한 것들이 있는가?

(2) 그 중에서 가장 중요하다고 생각하는 것은 무엇인가?

심화하기

✎ 자신의 사회적 역할에 따른 윤리적 의무에는 어떠한 것들이 있는지 토의해 보자.

1. 이야기할 내용을 간단히 메모해 보자.

(1) 자신에게 주어진 사회적 역할(예: 가족 구성원, 대학생 등)에는 어떠한 것들이 있는지 생각해 보자.

(2) 각 역할을 수행할 때 어떤 윤리적 의무를 지켜야 한다고 생각하는가?

(3) 각 역할에 따른 윤리적 의무를 지키기 어렵다면 그 이유는 무엇인가?

2. 메모한 내용을 바탕으로 서너 명이 한 팀이 되어 토의해 보자.

(1) 다른 사람의 이야기를 들으면서 잘 이해가 되지 않는 내용이나 표현을 메모해 보자.

(2) 토의가 끝나고 난 뒤 메모한 것을 질문해 보자.

3. 각 팀에서 토의한 내용을 정리하여 발표해 보자.

자기평가

이 장의 내용을 잘 이해했는가? 또한 주제에 대한 자신의 견해를 이야기할 수 있는가? 아래의 질문에 답해 보고 '못함'에 해당하는 항목이 있다면 앞으로 돌아가서 복습해 보자.

평가 내용	못함 ←→ 잘함
• 윤리와 윤리적 의무에 대해 이해했는가?	←------→
• 글의 주제를 파악하며 읽을 수 있었는가?	←------→
• 윤리적 의무에 대한 자신의 견해를 말할 수 있었는가?	←------→

4

예술과 인간의 삶

이 장에서는

예술은 인류의 역사와 그 흐름을 함께해 왔다. 예술이란 무엇이며 인간의 삶에 어떠한 영향을 미칠까? 이 장에서는 예술의 가치를 이해하고 예술을 **감상**한다는 것의 의미를 살펴보자.

들어가기

다음 그림을 보고 이야기해 보자.

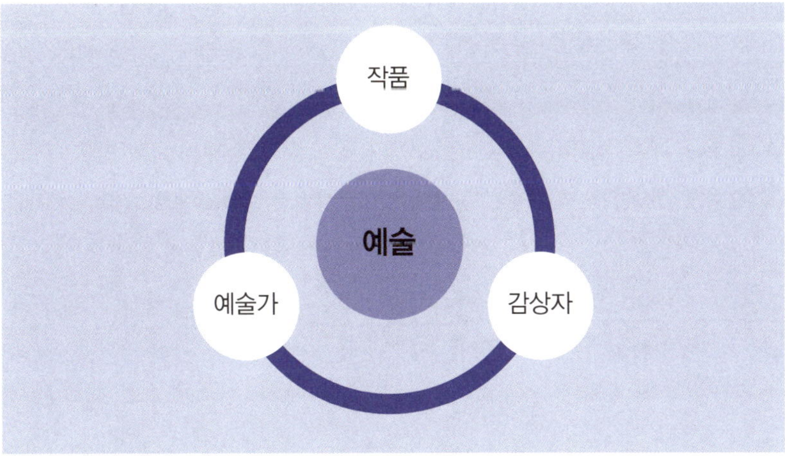

1. 예술은 무엇으로 구성되는가?

2. 예술가와 감상자는 어떤 역할을 하겠는가?

1. 글을 읽기 전에 다음에 대해 이야기해 보자.

(1) 예술 작품이라고 하면 무엇이 떠오르는가?

(2) 유명한 예술 작품들은 어떤 특성을 가지고 있는가?

2. 핵심어를 찾으며 글을 빠르게 읽어 보자.

예술작품과 단순한 인공물 사이의 구별은 무엇인가? 예술적 걸작품으로서의 ㉠ 고려자기와 예술작품이라고 볼 수 없는 ㉡ 안성유기나 김장 항아리를 어떻게 구별할 것인가? 고려자기도 인공물이다. 그것은 원래 박물관에 소장되기 위해 제작된 것이 아니고, 물이나 기름이나 먹물을 담기 위해 제작되었다. 그렇다면 이 양자의 차이는 지니고 있는 미라고 말할 것인데, 유기나 김장 항아리도 예술가들이 말하는 이른바 '좋은 형태(a good shape)'를 지니고 있는 경우가 많다. 다시 말하면 그것들이 불쾌감을 주지 않는다는 것이다. 그러나 인공물의 경우 그것들은 보기 흉한 것은 아니나 미적 의미가 있는 것이 아니고, 비예술적(inartistic)이라기보다는 무예술적(non-artistic)이라는 것이다.

예술작품으로서의 회화와 건축을 위한 그림 간의 차이, 그리고 훌륭한 교향악과 댄스음악의 본질적 차이는 예술품과 공예품의 관계처럼 전자의 활동 목적이 창조적이라는 데 있다. 즉 예술품으로서의 항아리, 회화, 그리고 교향악에는 단순한 인공물로서의 항아리나 그림, 댄스음악에서와 같은 ㉢ 현실적인 제약이 무시되어 창조되었다. 그것은 칸트가 예술을 '무관심적(ohne Interesse)' 관심이라고 규정하는 것에 해당한다. 다시 말하면 미적 판단은 개인적인 제약을 주는 한에서 관심을 끄는 것이다. 실로 예술은 무보상의 활동이요, 목적 없는 목적성이다. 그러나 공예품은 주문에 의하여 '조작적인 노고(the operative travail)'로써 제작된 것이기 때문에 거기에는 자유성 또는 자족성이 없다. (후략)

조요한. 『예술철학』. 고양: 미술문화, 2003.

(1) 각 단락의 핵심어에 밑줄을 쳐 보자.

(2) 핵심어를 중심으로 이 글의 주제문을 써 보자.

3. 글을 다시 읽고 다음 질문에 답해 보자.

(1) 예술품과 비예술품의 차이는 무엇인가?

(2) 이 글에서 ㉠, ㉡과 비슷한 예는 무엇인가?

4. 글의 내용을 바탕으로 다음에 대해 추론해 보자.

(1) ㉢의 의미는 무엇이겠는가?

(2) 필자가 말하는 예술 작품의 조건에 동의하는가?

5. 글에서 살펴본 예술 작품의 조건에 대해 더 이야기해 보자.

(1) 자신이 생각하는 예술 작품의 조건은 무엇인가?

(2) 그 기준에 따르면 아래의 예는 예술 작품이라고 볼 수 있는가?

- 대중가요
- 만화나 웹툰(webtoon)
- 콘셉트 자동차(concept car)

1. 글을 읽기 전에 다음에 대해 이야기해 보자.

(1) 사람들은 무엇을 위해 예술 작품을 감상하는가?

(2) 평소에 예술 작품을 감상할 때 무엇에 대해 생각하며 감상하는가?

2. 제목을 보고 내용을 추측한 다음 글을 빠르게 읽어 보자.

예술가, 예술 작품, 감상자의 상관관계

해석학 이론의 전체 맥락에서 제일 먼저 등장한 입장은 저자(著者) 중심, 특히 저자의 의도를 작품 해석의 기준으로 보아야 한다는 입장이다. 이 입장은 지금까지도 한국 사회의 제도권 공교육의 현장에서 제일 각광받고 있다. 예컨대 한 편의 시를 감상할 때, 시 해석의 정확한 기준은 감상자에게 있는 것이 아니라 시인의 의도에 달려 있다. 그러니까 창작자가 어떤 의도에서 그 시를 창작하였는지를 제대로 파악하면 작품에 대한 정확한 이해가 가능하다는 논리다. 그러나 작품이 작가의 손을 떠나는 순간부터 작품은 독자에 의해 얼마든지 새롭게 해석될 여지를 갖게 된다. 이런 측면을 여기에서는 설명해줄 수가 없다.

그래서 새로운 입장이 등장하게 되었는데, 말하자면 작품 해석의 기준은 더 이상 작가의 의도에 있는 것이 아니라 예술 작품 자체에 있다고 보는 견해다. 이 입장은 작품이 다양하게 해석되고 이해될 수 있는 이유는 작품 자체가 하나의 세계, 즉 작품 자체의 존재 세계를 가지고 있기 때문이라는 것이다. 이러한 작품의 세계는 늘 감상자들에게 말을 걸어온다는 것이다. 중요한 것은 감상자들이 작품의 세계 가운데로 들어가 작품의 존재와 만나기만 하면 된다. 따라서 이 입장에서는 더 이상 올바른 해석과 그릇된 해석이라는 관점을 중요하게 간주하기보다는 의미 있는 해석과 의미 없는 해석을 중요시한다. 그런데 이 입장에서는 의미 있는 해석과 그렇지 않은 해석을 구별해주는 기준이 작품 자체에 있는지, 감상자에게 있는지가 명확하게 해명되지 않는다.

이상과 같은 이유에서 또 다른 입장이 등장하였는데, 여기에서는 작품 해석의 기준은 이제 전적으로 감상자에게 달려 있다고 주장한다. 이를 해석학 전통에서는 수용 이론 혹은 수용미학 이론으로 부르고 있다. 올바른 해석과 그릇된 해석이든, 의미 있는 해석과 의미 없는 해석이든 작품의 해석에서 궁극적 기준은 감상자에게 달려 있다는 주장이다. 이 입장은 작품 해석의 다양성을 인정할 수 있고, 작품의 의미를 고정되어 있는 것으로 간주하기보다는 상황과 조건에 따라 항상 열려 있는 것으로 간주하게 된다. 이런 해석의 입장이 극단화되면, 결국 예술과 비예술의 경계, 작가와 일반인의 구분, 진품과 위작의 구별이 모호해지고 종국에는 ㉠ '예술이란 무엇인가?'라는 근원적인 물음을 되묻게 되는 상황이 발생하게 된다.

신응철. 『예술, 인문학과 통하다』. 파주: 웅진지식하우스, 2008.

(1) 제목을 보고 어떤 내용이 나올 것이라고 추측했는가?

(2) 추측한 내용과 글의 내용이 같았는가?

3. 글을 다시 읽고 다음 질문에 답해 보자.

(1) 예술 작품을 해석하는 방법에는 어떤 것들이 있는가?

(2) 각 방법이 갖는 한계는 무엇인가?

4. 글의 내용을 바탕으로 다음에 대해 추론해 보자.

(1) 공교육에서 저자 중심의 해석을 선호하는 이유는 무엇이겠는가?

(2) ㉠의 이유는 무엇이겠는가?

5. 글에서 살펴본 예술 작품 감상 방법에 대해 더 이야기해 보자.

(1) 평소에 주로 어떤 예술 작품을 감상하는가?

(2) 자신이 선호하는 예술 작품 감상 방법은 무엇인가?

심화하기

다음은 '샘(Fontaine; Marcel Duchamp, 1917)'이라는 작품이다. 예술 작품의 조건을 생각하며 작품에 대해 토의해 보자.

1. 토의를 하기 전에 다음에 대해 생각해 보자.

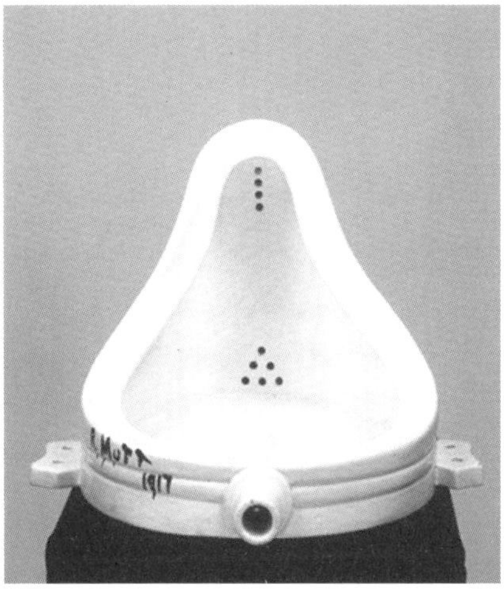

Marcel Duchamp. Fontaine. 1917. 프랑스국립박물관연합(RMN).

(1) 이것은 무엇일까?

(2) 작가는 왜 이 작품에 '샘(Fontaine)'이라는 제목을 붙였을까?

(3) 이것을 예술 작품이라고 생각하는가?

2. 다음의 내용을 조사하여 이야기할 내용을 간단히 메모해 보자.

(1) 이 작품이 처음 등장했을 때 예술계에서는 어떤 논란이 있었는가?

(2) 이 작품에 대한 입장 가운데 자신은 어떤 입장에 가까운가?

5

문화의 이해

이 장에서는

문화란 한 사회 구성원들의 공통된 **행동양식**을 말한다. 사람들은 다른 사람들과의 상호작용을 통해 그 사회의 문화를 **학습**한다. 이 장에서는 문화의 속성을 알아보고 문화를 이해한다는 것이 무엇인지 살펴보자.

들어가기

다음 그림을 보고 이야기해 보자.

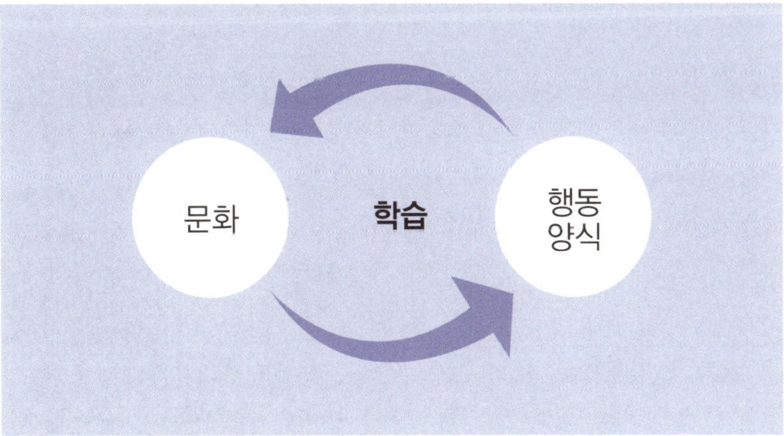

1. 한 사회의 공통된 행동양식에는 어떠한 것들이 있는가?

2. 인간은 문화를 어떻게 학습하는가?

이해하기 1

1. 글을 읽기 전에 다음에 대해 이야기해 보자.

(1) 다양한 사람들이 공통된 행동양식을 보이는 이유는 무엇인가?

(2) 문화의 영향을 가장 많이 받는 행동양식에는 무엇이 있는가?

2. 핵심 문장을 찾으며 글을 빠르게 읽어 보자.

한 사회 구성원들의 행동을 자세히 관찰하면 그 어느 사람도 꼭 같이 행동하지 않는다는 사실을 발견할 수가 있다. 어떤 사람은 매운 음식을 좋아하고 어떤 사람은 싫어하며, 어떤 사람들은 꽃 가꾸기를 좋아하는가 하면 또 어떤 사람들은 그런 것에 아무런 관심을 보이지 않는다. 이와 같이 사회의 구성원들 개개인은 나름대로의 독특한 취향 또는 버릇이 있을 수가 있다.

그러나 다른 한편으로 구체적인 행위에 있어서의 이런 개인차에도 불구하고 우리는 한 사회의 구성원들의 행위에서 다른 집단의 것과 구별될 만한 어떤 공통적인 경향을 발견할 수가 있다. 한 사회의 구성원들 개개인의 독특한 취향이나 버릇이 아닌, 이런 공통적인 경향을 우리는 문화라고 부르고 있다. 우리가 개성(individuality)을 아무리 값진 것이라고 강조하더라도, 우리가 실제로 하는 행동의 대부분은 우리가 소속하고 있는 집단의 행동양식을 따르고 있다. 이런 의미에서 우리는 '문화는 집단구성원들에 의해서 공유된(shared) 것'이라는 말을 할 수가 있다.

문화의 이런 속성은 집단의 구성원들에게 사회생활을 원활히 하기 위한 ㉠ 공동의 광장을 마련해 주고 있다. 우리는 사회의 다른 구성원들과 함께 공유하고 있는 언어로 의사소통을 할 수 있고, 특정한 상황에서 상대방이 어떻게 행동할 것인지 그리고 그들이 우리로부터 무엇을 기대할 것인지를 어느 정도 예측할 수 있기에 사회생활이 가능하다.

한 사회의 구성원들에 의하여 공유되고 있는 것으로서의 문화에 유의한다면, 우리는 또한 그 사회의 단위에 따라서 여러 가지 상이한 차원의 문화를 이야기할 수도 있다. 즉, 한국 사람들이 일반적으로 공유하고 있는 행동양식과 사고양식을 한국문화라고 부를 수 있는 반면, ㉡ 한국사회를 구성하고 있는 수많은 하위집단들(subgroups)에 특징적으로 나타나는 생활양식으로의 하위 문화(subcultures)를 이야기할 수도 있다.

한상복 외. 『문화인류학』, 개정판. 서울: 서울대학교출판문화원, 2011.

(1) 각 단락의 핵심 문장에 밑줄을 쳐 보자.

(2) 핵심 문장을 활용해 글의 주제문을 써 보자.

3. 글을 다시 읽고 다음 질문에 답해 보자.

(1) 이 글에 나타난 문화의 특성은 무엇인가?

(2) ㉠의 의미는 무엇인가?

4. 글의 내용을 바탕으로 다음에 대해 추론해 보자.

(1) 사회생활을 할 때 상대방의 행동이나 기대를 예측할 수 있는 이유는 무엇이겠는가?

(2) ㉡에서 말하는 하위 집단의 예에는 어떠한 것이 있겠는가?

5. 글에서 살펴본 문화의 속성에 대해 더 이야기해 보자.

(1) 공통된 문화를 형성하는 데 영향을 미치는 것에는 어떠한 것이 있겠는가?

(2) 한 문화가 공유하고 있는 행동양식에서 벗어나면 어떤 일이 발생하겠는가?

1. 글을 읽기 전에 다음에 대해 이야기해 보자.

(1) 특정 국가의 사람을 생각할 때 떠오르는 이미지가 있는가?

(2) 그 이미지는 실제의 모습과 항상 같은가?

2. 글을 빠르게 읽고 내용을 두 부분으로 나누어 보자.

우리는 다른 사람들에 대해서 단순하지만 비교적 뚜렷한 이미지를 갖고 있다. 이를테면 프랑스 사람들은 쾌활하고 말이 많으며 예민하고, 독일 사람들은 무뚝뚝하고 절도가 있으며 생각이 깊다고 말한다. 이런 이미지는 사람들이 다른 집단을 특징지어 나누어 생각하고자 하는 가장 일반적인 문화적 인식틀이자 일종의 사회적 상식이기도 하다. 실제로 각 사회 구성원의 대다수는 그 문화가 지향하는 가치, 행동패턴에 부합하는 인성을 특별히 강화하여 내면화하게 된다. 즉 한 문화에 속한 구성원들은 ㉠ 그 문화의 패턴이 보편화시킨 인격적 특징을 갖게 된다는 말이다.

이것은 흔히 사람들이 어떤 인종, 어떤 민족, 어떤 지방 사람들은 어떠하다는 식으로 생각하는 편견이나 고정관념과도 비슷하다. 이러한 고정관념은 한 집단의 인성적 특징을 주로 체질적·유전적 특징처럼 절대시하여 그 구성원 모두가 피할 수 없는 타고난 것이라고 여긴다. 더 나아가 다른 사람들의 인간성과 가치관, 행동의 몇 가지 특징을 자기 문화의 가치관에 따라 멋대로 규정하여 그 사람들 모두를 맹목적으로 차별하는 근거로 삼기도 한다.

이에 비해 문화와 인성에 대한 인류학적 연구는, 각 문화집단의 인성적 특징이 유전이나 혈통 같은 인종적·종족적 유사성에서 비롯된 것이 아니라, 그 집단이 공통으로 경험한 역사와 각 개인이 어릴 때부터 체험한 양육 및 교육 방식을 통해 형성된다는 점을 강조한다. 즉 각자가 태어난 문화적 환경 속에서 체험을 통해 형성되고 학습을 통해 재생산된다는 것이다.

이렇게 형성된 인성은 사회에 따라 극단적으로 다를 수 있다. 어떤 사회에서는 공격성이 높고 폭력적인 사람을 남성적이고 지도력이 있다고 여기는 반면, 어떤 사회에서는 조용하고 이해심 있고 섬세한 남자가 존경을 받는다. 다소곳하고 애교 있으며 의존적인 여성이 이상적으로 여겨지는 사회가 있는가 하면, 씩씩하고 위엄 있으며 독립적인 여성들을 키워내는 문화도 있다. 우리가 흔히 남성적, 여성적이라고 여기는 많은 특징들이 사실은 남녀 간의 생물학적 차이에서 생겨나는 것이라기보다는 문화적으로 키워진 것이기 쉽다.

한국문화인류학회 편. 『낯선 곳에서 나를 만나다』, 개정판. 서울: 일조각, 2006.

(1) 이 글은 어느 부분에서 둘로 나누어지는가?

(2) 그렇게 생각한 이유는 무엇인가?

3. 글을 다시 읽고 다음 질문에 답해 보자.

(1) 다른 나라 사람들을 편견이나 고정관념으로 바라보게 되는 이유는 무엇인가?

(2) 인류학적 관점에서는 인성적 특성이 어떻게 형성된다고 보는가?

4. 글의 내용을 바탕으로 다음에 대해 추론해 보자.

(1) ㉠의 의미는 무엇이겠는가?

(2) 남성과 여성처럼 사회에 따라 다른 인성적 특성에는 어떤 것들이 있겠는가?

5. 글에서 살펴본 문화의 인식에 대해 더 이야기해 보자.

(1) 자기 나라에서 '남성적이다, 여성적이다'라는 말은 어떤 의미로 사용되고 있는가?

(2) 한 집단의 특성을 이해할 때 주의해야 할 것은 무엇인가?

심화하기

문화의 속성과 집단의 이미지를 생각하며 토의해 보자.

1. 토의할 내용을 간단히 메모해 보자.

(1) 외부에서 자기 나라 사람들을 바라보는 이미지에는 어떤 것들이 있는가?

(2) 외부에서 바라본 이미지와 집단의 특성은 일치하는가?

(3) 그러한 이미지 형성에 영향을 준 요인들은 무엇인가?

2. 메모한 내용을 바탕으로 서너 명이 한 팀이 되어 토의해 보자.

(1) 다른 사람의 이야기를 들으면서 잘 이해가 되지 않는 내용이나 표현을 메모해 보자.

(2) 토의가 끝나고 난 뒤 메모한 것을 질문해 보자.

3. 각 팀에서 토의한 내용을 정리하여 발표해 보자.

자기평가

이 장의 내용을 잘 이해했는가? 또한 주제에 대한 자신의 견해를 이야기할 수 있는가? 아래의 질문에 답해 보고 '못함'에 해당하는 항목이 있다면 앞으로 돌아가서 복습해 보자.

평가 내용	못함 ←→ 잘함
• 문화의 개념과 문화의 속성을 이해했는가?	←-------→
• 글의 주제와 내용을 이해할 수 있었는가?	←-------→
• 문화에 따른 집단의 특성을 설명할 수 있었는가?	←-------→

6

정치 참여

이 장에서는

정치는 공동체의 문제를 해결하는 모든 사회적 활동을 말한다. 한 사회의 구성원이라면 누구나 **관심**을 가지고 **참여**할 수 있는 것이 바로 정치이다. 이 장에서는 민주주의의 의미를 통해 정치란 무엇인지 이해하고 **정치 활동**에 참여한다는 것에 대해 생각해 보자.

들어가기

다음 그림을 보고 이야기해 보자.

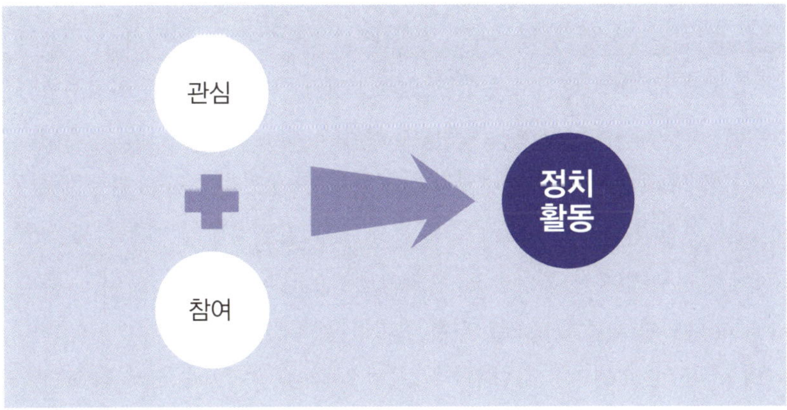

1. 정치 활동을 하기 위해 필요한 것은 무엇인가?

2. 정치 활동의 예에는 어떠한 것들이 있는가?

1. 글을 읽기 전에 다음에 대해 이야기해 보자.

(1) 민주주의라고 하면 무엇이 떠오르는가?

(2) 민주주의에서 가장 중요한 요소는 무엇인가?

2. 글을 빠르게 읽고 내용을 두 부분으로 나누어 보자.

민주주의(democracy)는 오랜 역사 속에서 매우 복잡한 의미를 내포하고 있는 말이다. 희랍어 demos(인민)와 kratia(지배)의 합성어로서 '인민의 지배'를 뜻하는 이 말은 고대 그리스에서 발원한 특정한 정치체제 및 운영 원리를 지칭하는 데 사용된다.

역사적 기원으로 볼 때, 1인의 지배(군주정), 소수의 지배(귀족정)와 달리 민주주의는 자유롭고 평등한 시민들이 참여하여 스스로 통치하는 자치를 핵심으로 삼는다. 특히 기원전 5세기 페리클레스 시대의 아테네 민주주의는 평등한 자유민들이 법의 제정과 집행 그리고 판결을 담당하는 ㉠ 자치(自治, self-rule)를 구현하면서 인민의 지배를 실행한 민주주의의 원형이라고 할 수 있다.

링컨 대통령은 1864년 게티스버그 연설에서 "민주주의는 '인민의, 인민에 의한, 인민을 위한' 통치"라고 정의했다. 이는 민주주의는 인민의 자아 발전과 행복을 위한 필수 조건이라는 주장이다. 이 논의는 ① 민주주의하에서의 정치권력은 인민에게 귀속된다는 주권재민의 의미로서 인민의 동의를 강조하는 것이며 ② 정치권력이 인민의 소유일 뿐만 아니라 그 인민의 참여에 의해 운영, 행사되는 정부형태 및 통치 원리를 의미하며 ③ 민주주의는 소수의 기득권층이 아니라 인민 대중의 행복을 위한 정치라는 의미를 가진다.

그런데 이 세 요소 중에서도 민주주의의 핵심은 바로 '인민에 의한' 정부라고 할 수 있으며 공적인 의사결정과정에 대한 직접적이고 지속적인 시민의 참여가 민주주의의 필수요소임을 강조하는 것이다. 즉, 공동체의 문제에 대한 시민들의 적극적인 관심과 공동의 참여가 민주주의의 가장 핵심적인 특징이다. 좀 더 적극적으로 해석한다면, 이 정의는 민주주의는 주권의 소유자로서 인민이 자신의 삶과 공동체를 규율하는 규칙(법과 정책)을 제정하는 실질적·상징적 주체인 동시에 집단적 의사결정의 최종적인 권력이 인민에게 있음을 강조하는 것이다.

심승우. 「민주주의, 정치의 영원한 이상향」. 『정치학: 인간과 사회 그리고 정치』. 서울: 박영사, 2015.

(1) 이 글은 어느 부분에서 둘로 나누어지는가?

(2) 그렇게 생각한 이유는 무엇인가?

3. 글을 다시 읽고 다음 질문에 답해 보자.

(1) 민주주의는 군주정, 귀족정과 어떤 차이가 있는가?

(2) 이 글에서 ㉠과 바꾸어 쓸 수 있는 말은 무엇인가?

4. 글의 내용을 바탕으로 다음에 대해 추론해 보자.

(1) 아테네의 민주주의는 현대의 민주주의와 비교할 때 어떤 차이가 있겠는가?

(2) 필자의 관점에 따르면 민주주의에서 가장 중요한 시민의 역할은 무엇이겠는가?

5. 글에서 살펴본 민주주의에 대해 더 이야기해 보자.

(1) '인민의 통치, 인민에 의한 통치, 인민을 위한 통치'라는 세 가지 요소에서 민주주의의 발전을 위해 가장 중요한 것은 무엇이라고 생각하는가?

(2) 이 요소들 중에서 가장 실현되기 어려운 것은 무엇이라고 생각하는가?

이해하기 2

1. 글을 읽기 전에 다음에 대해 이야기해 보자.

(1) 평소 정치 상황에 대해 관심이 많은 편인가?

(2) 지금까지 정치 활동에 참여해 본 경험이 있는가?

2. 이 글의 독자가 누구인지를 파악하며 글을 읽어 보자.

최근 젊은이들 사이에서 정치에 관심을 갖지 않는 게 '쿨하다'고 생각하는 유형을 많이 보게 됩니다. 사실 정치 이야기를 하다 보면 사람이 치열해지기 마련이죠. 정치적 논쟁을 하다 보면 교우 관계는 물론이고 심지어 가족 관계까지도 망가지기 십상입니다.

우리나라에는 어느새 정치 걱정을 하느니 밥 걱정부터 하겠다는 분들, 정치인들을 쳐다만 봐도 분노가 치민다는 분들, 정치 얘기하는 게 '쿨하지' 않아 보인다는 분들이 꽤 많아졌습니다. 정치를 싫어할 이유는 충분히 많지만, 그럼에도 불구하고 우리는 왜 정치에 관심을 가져야 할까요?

사람들의 가치관은 다 다릅니다. 서로 다른 가치관들이 서로 소통하려면, 그것들 사이에 공통분모가 존재해야 합니다. 하지만 그 공통분모는 강요를 통해 얻어져서는 안 되겠지요. 다만 사회의 성원들이 서로 다름을 인정하고, 토론과 논쟁을 통해 차이를 좁혀 합의점을 넓혀 갈 수는 있을 겁니다. 그런 방식으로 대다수의 성원이 공동의(common) 것으로 하기로 합의한 것이 이른바 상식(common sense)입니다.

사회 공통의 가치관은 이렇게 폭력적이지 않은 방식으로, 아래에서 위로 올라가는 방식으로 마련할 수 있습니다. 그렇게 마련된 가치관은 영원 불변의 것이 아니라 시대의 변화에 열려 있어야 하고요. 이해관계를 조정하는 수준을 넘어 사회의 대다수가 합의하는 가치관을 만들어 낼 때, 사회가 안정적으로 발전해 나가는 것입니다. 저는 이렇게 상식을 형성해 가는 과정이 정치라고 생각합니다.

그런데 만약 시민들이 이러한 정치에 관심을 갖지 않게 되면, 이 사회의 상식은 누구에게 유리해질까요? 잠깐 대학생 여러분의 삶에 대해 생각해 봅시다. 여러분들은 부모님, 선생님께서 하라는 대로 다 했습니다. 대학 입시, 학점, 토익 등 스펙을 쌓으라고 해서 미친 듯이 준비했어요. 그런데 그렇게 완벽히 준비를 했는데도 취직이 안 된다면? 그것은 여러분의 책임이 아니라 뭔가 다른 데에 문제가 있는 거죠. 개인이 책임을 다했는데도 풀리지 않는 일이 있다면, 그것은 사회의 책임으로 봐야 합니다. 그리고 이 게임은 처음부터 이길 수 없도록 디자인된 것이 아닌가 생각해 봐야 합니다.

정치를 한다는 것은 게임의 규칙, 다시 말해서 사회의 구조를 바꿔 보려는 시도와 같습니다. 반대로 정치에 관심을 끊는 것은 우리가 스스로의 삶을 새롭게 변화시켜 나갈 수 있는 가능성을 포기하고, 그저 남이 내 운명을 결정하게 두는 행위와 같습니다.

그래서 젊은 여러분들이 정치적 상상력을 가지고 정치적 활동에 참여하는 게 중요합니다. 꼭 정당에 가입하거나 직업 정치인이 되어야 정치를 할 수 있는 것도 아닙니다. 투표에 반드시 참여하고 여러 사회적 사안을 다루는 시민단체에서 활동하는 것도 직접 민주주의를 강화하는 방법입니다. 정치는 늘 해야 합니다.

저는 ㉠ 모든 사람들이 이중 국적을 가졌다고 생각해요. 공적인 측면에서는 국가 공동체의 일원이고, 사적인 측면에서는 시장 경제의 일원이지요. 한편으로 자신과 가족을 위해 사적인 영리 활동을 하면서 동시에 국가 공동체의 일원으로서 사회에 적극적으로 참여할 때 비로소 사람은 반쪽짜리에서 벗어나 온전해질 수 있다고 믿습니다. 이것이 제가 욕을 먹어 가면서 정치에 참여하는 이유이기도 합니다.

진중권.「우리는 왜 정치에 관심을 가져야 하는가」.『생각수업』. 서울: 알키, 2015.

(1) 독자가 누구인지 알 수 있는 부분에 밑줄을 쳐 보자.

(2) 필자는 독자에게 어떤 주장을 하고 있는가?

3. 글을 다시 읽고 다음 질문에 답해 보자.

(1) 이 글에서 '정치'의 의미는 무엇인가?

(2) ㉠의 의미는 무엇인가?

4. 글의 내용을 바탕으로 다음에 대해 추론해 보자.

(1) 필자는 정치에 무관심한 사람들에 대해서 어떤 입장을 가지고 있는가?

(2) 필자의 관점에 따르면 정치에 관심을 갖고 참여하는 사람들이 많아지면 사회에 어떠한 변화가 일어나겠는가?

5. 글에서 살펴본 정치 참여에 대해 더 이야기해 보자.

(1) 자기 나라의 젊은 세대는 정치에 관심을 갖는 편인가?

(2) 국가의 정치 발전을 위해 젊은 세대가 노력해야 하는 것은 무엇이라고 생각하는가?

심화하기

시민들의 참여로 정치 발전을 이룬 역사적 사건에 대해 발표해 보자.

1. 발표할 내용을 간단히 메모해 보자.

(1) 자기 나라의 역사적 사건 중에서 시민들의 참여로 정치 발전을 이룬 예에는 무엇이 있는가?

(2) 그 사건은 어떻게 시작되었으며 결과는 어떠하였는가?

(3) 그 사건에 대해 어떻게 생각하는가?

2. 메모한 내용을 바탕으로 발표해 보자.

3. 다른 사람의 발표를 듣고 다음에 대해 이야기해 보자.

(1) 가장 흥미로운 발표를 한 사람은 누구인가?

(2) 발표를 듣고 관심이 생긴 사건은 무엇인가?

자기평가

이 장의 내용을 잘 이해했는가? 또한 주제에 대한 자신의 견해를 이야기할 수 있는가? 아래의 질문에 답해 보고 '못함'에 해당하는 항목이 있다면 앞으로 돌아가서 복습해 보자.

평가 내용	못함 ←→ 잘함
• 민주주의와 정치 참여의 필요성에 대해 이해했는가?	←-------------------→
• 글을 읽고 필자의 주장을 알 수 있었는가?	←-------------------→
• 정치적 사건에 대해 발표할 수 있었는가?	←-------------------→

7

선택의 경제학

이 장에서는

모든 자원은 **희소성**을 갖는다. **경제학**에서는 사람들이 **자원**을 가장 합리적으로 **선택**하는 방법에 대해 연구한다. 이 장에서는 경제를 이해하기 위한 기본적인 원리가 무엇이며 경제적인 측면에서 합리적인 선택이란 무엇인지 살펴보자.

들어가기

다음 그림을 보고 이야기해 보자.

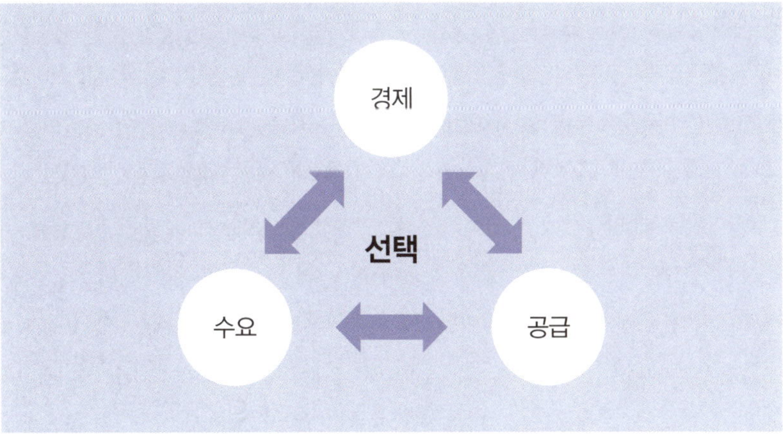

1. 한 사회에서 경제는 어떤 역할을 하겠는가?

2. 수요와 공급에 영향을 미치는 것은 무엇인가?

1. 글을 읽기 전에 다음에 대해 이야기해 보자.

(1) '경제적'이라는 말의 의미는 무엇이라고 생각하는가?

(2) 경제학은 무엇을 연구하는 학문이라고 생각하는가?

2. 글을 빠르게 읽고 내용을 두 부분으로 나누어 보자.

'경제'를 의미하는 economy라는 단어는 원래 '집안 살림하는 사람'이라는 의미의 'oiko nomos'라는 그리스어에서 유래했다고 한다. 얼핏 이런 어원이 약간 이상하다고 느껴질 수도 있다. 그러나 가정 살림살이와 경제에는 공통점이 많다.

어느 가정이든지 많은 결정을 내려야 한다. 누가 저녁을 차려야 할지, 누가 빨래를 해야 할지, 저녁 식탁에서 누가 더 맛있는 반찬을 먹을지, 어떤 TV 프로그램을 누가 볼지 등 식구 중 누가 어떤 일을 해야 하고 또 그 대가로 무엇을 받아야 하는지 결정해야 한다. 즉 한 가계는 ㉠ 각 식구의 능력과 노력, 희망에 따라 제한된 자원을 식구들에게 나눠주어야 하는 것이다.

이와 마찬가지로 사회도 많은 결정을 내려야 한다. 어느 사회든지 어떤 일을 해야 하고, 그 일을 누가 해야 하는지 결정해야 한다. 누군가는 식량을 생산해야 하고, 누군가는 옷을 만들어야 하며, 또 누군가는 컴퓨터 소프트웨어를 만들어야 한다. 마찬가지로 한 사회가 사람들(토지, 건물, 기계와 같은 생산요소도 동일하다)을 여러 가지 일에 종사하도록 한 뒤에는 생산된 재화와 서비스를 배분해야 한다. 즉 누가 캐비어를 먹고 누가 감자를 먹어야 할지, 또 누가 고급 스포츠카를 운전하고 누가 시내버스를 타야 할지 결정해야 하는 것이다.

이와 같이 한 사회가 가지고 있는 자원을 관리하는 건 중요한 일이다. 왜냐하면 자원은 희소하기 때문이다. 희소성(scarcity)이란 사람들이 가지고 싶은 만큼 다 가질 수 없다는 사실을 의미한다. 어느 가정에서든지 모든 식구들이 원하는 것을 다 할 수 없는 것처럼 한 사회도 그 구성원들이 원하는 최고의 생활 수준을 누구에게나 보장할 수 없다.

경제학(economics)이란 사회가 희소자원을 어떻게 관리하는지 연구하는 학문이다. 대부분의 사회에서는 자원이 강력한 독재자 한 사람에 의해 배분되는 것이 아니라 무수한 가계와 기업 간의 행위에 따라 배분된다. 따라서 경제학은 사람들이 어떻게 결정을 내리는지에 대해 연구하는 학문이라고도 할 수 있다. 즉 얼마나 일하고 무엇을 구입하며 얼마나 저축하고 그 저축을 어떻게 투자하는지 등과 같은 사람들의 의사결정 과정을 연구하는 학문이다. 경제학자들은 사람들이 어떻게 상호작용하는지에 대해서도 관심을 갖는다. 예를 들어 수많은 ㉡ 판매자와 구입자들이 어떻게 상호작용하여 한 재화의 거래 수량과 가격이 결정되는지 분석한다. 그리고 국민들의 평균소득의 증가, 일자리가 없는 국민들의 비율, 물가 상승률 등과 같이 나라 경제 전체에 영향을 미치는 변수와 그 추세도 경제학의 연구 대상이다.

N. Gregory Mankiw. 『맨큐의 경제학』, 제6판. 2010. 김경환·김종석 역. 서울: CENGAGE Learning, 2013.

(1) 이 글은 어느 부분에서 둘로 나누어지는가?

(2) 각각의 핵심 내용은 무엇인가?

3. 글을 다시 읽고 다음 질문에 답해 보자.

(1) 가정 살림살이와 경제의 공통점은 무엇인가?

(2) 개인적인 차원과 국가적인 차원에서 경제학이 연구하는 것은 각각 무엇인가?

4. 글의 내용을 바탕으로 다음에 대해 추론해 보자.

(1) 사회에서는 ㉠과 같은 결정이 무엇을 기준으로 이루어지겠는가?

(2) ㉡의 구체적인 예에는 어떤 것이 있겠는가?

5. 글에서 살펴본 경제의 원리에 대해 더 이야기해 보자.

(1) 개인의 경제생활이 사회 경제 전반에 영향을 주는 상황에는 어떤 것이 있는가?

(2) 반대로 사회 경제 상황이 개인의 경제생활에 영향을 주는 상황에는 어떤 것이 있는가?

이해하기 ②

1. 글을 읽기 전에 다음에 대해 이야기해 보자.

(1) 자원에는 어떤 것들이 있는가?

(2) 경제에서 자원의 역할은 무엇이라고 생각하는가?

2. 핵심 문장을 찾으며 글을 빠르게 읽어 보자.

누구나 원하는 것을 가질 수는 없다. 모든 사람들이 좋은 위치의 아름다운 집과 두세 대의 고급 승용차를 가지기를 원하고, 좋은 호텔에서 휴가를 즐기기를 바란다. 그러나 미국처럼 부유한 나라에서도 대부분의 사람들은 그 모든 것을 누릴 수 없다. 따라서 그들은 선택을 해야만 한다. 디즈니랜드에 갈 것인지 아니면 더 좋은 차를 살 것인지 뒤뜰이 작은 집을 살 것인지 아니면 땅값이 싼 대신에 직장에서 멀리 떨어진 집을 살 것인지 등을 선택해야 한다.

그러나 그들이 원하는 것 모두를 가질 수 없는 이유가 한정된 수입 때문은 아니다. 시간 역시 하루 24시간으로 한정되어 있다. 시간이 유한하기 때문에 어떤 일을 하기 위해서 시간을 보낸다는 것은 다른 일을 하지 않기로 결정한 것과 같다. 즉 시험공부를 하는 데 시간을 쓰기로 했다면 밤에 영화를 보러 가지 않기로 결정한 것이다. 사람들은 한정된 시간을 위해서 돈을 기꺼이 지불한다. 예를 들어 편의점은 일반 슈퍼마켓보다 더 비싸게 물건을 판매한다. 그러나 시간에 쫓기는 사람들은 멀리 떨어져 있는 슈퍼마켓에 가는 것보다 돈을 조금 더 지불하더라도 시간을 절약할 수 있는 편의점에서 물건을 구입한다.

개인들은 왜 선택을 해야만 할까? 궁극적인 이유는 자원이 희소하기 때문이다. 여기에서 자원(resource)은 다른 무언가를 생산하는 데 사용되는 모든 것을 뜻한다. 경제의 자원을 열거할 때 토지, 노동(노동자들의 가능한 근로시간), 자본(기계, 건물 그 밖의 사람이 만든 생산적인 자산), 그리고 인적 자본(교육 정도와 숙련도)을 생각한다. 자원의 양이 모든 생산에 필요한 만큼 충분하지 않으면 자원이 희소(scarce)하다고 한다. 광물, 목재, 석유와 같은 천연자원도 희소한 자원 중의 하나이다. 노동, 숙련도, 지성 등과 같은 인적 자본 역시 희소하다. 그리고 ㉠ 경제성장과 함께 인구가 폭발적으로 증가하고 있는 세계에서는 깨끗한 공기와 물도 희소한 자원이 된다.

자원이 희소하기 때문에 개인과 마찬가지로 사회도 선택을 해야만 한다. 사회가 선택을 하는 한 가지 방법은 시장경제에서 주로 택하는 것처럼 개인적 선택에 맡긴 후 그 결과를 사회의 선택으로 받아들이는 것이다. 예를 들어 미국인들은 편의점에 가서 시간을 아끼는 대신 더 싼 가격에 물건을 사기 위해 슈퍼마켓에 가는 데 얼마나 많은 시간을 쓰려고 하는가에 대한 질문에 답하기 위해서 개개인이 포기하고자 하는 시간을 더하면 된다. 따라서 ㉡ 사회 전체의 선택은 수백만 개인이 어디에서 물건을 살 것인지에 대한 선택을 더한 것이 된다.

Paul Krugman·Robin Wells. 『크루그먼의 경제학』, 제2판. 2009. 김재영 외 역. 서울:시그마프레스, 2011.

(1) 각 단락의 핵심 문장에 밑줄을 쳐 보자.

(2) 핵심 문장을 중심으로 글의 주제문을 써 보자.

3. 글을 다시 읽고 다음 질문에 답해 보자.

(1) 개인들은 왜 선택을 해야 하는가?

(2) 슈퍼마켓 대신 편의점을 이용하는 사람은 무엇을 선택한 것인가?

4. 글의 내용을 바탕으로 다음에 대해 추론해 보자.

(1) ㉠에서 더 희소해질 자원은 무엇이겠는가?

(2) ㉡의 의미는 무엇인가?

5. 글에서 살펴본 경제적 선택에 대해 더 이야기해 보자.

(1) 다음 상황에서 A와 B 중 누가 더 경제적인 선택을 했다고 생각하는가?

- A는 고등학교 졸업 후 바로 대학에 입학했다.
- B는 대학에 입학하는 대신 취직을 하기로 결정했다.

(2) 그렇게 생각한 이유는 무엇인가?

심화하기

✎ 선택의 중요성을 생각하며 경제생활에 대해 토의해 보자.

1. 이야기할 내용을 간단히 메모해 보자.

(1) 무엇인가를 선택할 때 가장 중요하게 생각하는 것(예: 돈, 시간, 인간관계 등)은 무엇인가?

(2) 그것을 선택하는 것이 자신의 경제생활에 미치는 영향은 무엇인가?

2. 메모한 내용을 바탕으로 서너 명이 한 팀이 되어 토의해 보자.

(1) 다른 사람의 이야기를 들으면서 잘 이해가 되지 않는 내용이나 표현을 메모해 보자.

(2) 토의가 끝나고 난 뒤 메모한 것을 질문해 보자.

3. 각 팀에서 토의한 내용을 정리하여 발표해 보자.

자기평가

이 장의 내용을 잘 이해했는가? 또한 주제에 대한 자신의 견해를 이야기할 수 있는가? 아래의 질문에 답해 보고 '못함'에 해당하는 항목이 있다면 앞으로 돌아가서 복습해 보자.

평가 내용	못함 ←----→ 잘함
• 경제의 원리와 경제학에 대해 이해했는가?	←------------------→
• 글의 주제와 내용을 파악할 수 있었는가?	←------------------→
• 경제적 선택에 대한 견해를 이야기할 수 있었는가?	←------------------→

8

인간의 생물학적 특성

이 장에서는

생물은 지구 환경에 적응하며 변화하는 생물학적 특성을 갖는다. 이러한 특성은 생물의 **생존**과 **멸종**에 영향을 미쳤다. 그렇다면 **인간**은 어떻게 현재까지 존재할 수 있었을까? 이 장에서는 인간의 생존과 변화에 영향을 미친 생물학적 특징이 무엇인지 생각해 보자.

들어가기

다음 그림을 보고 이야기해 보자.

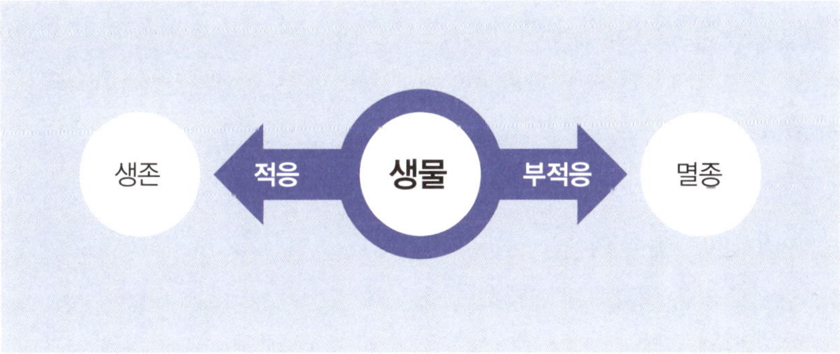

1. 생물이 멸종하는 이유는 무엇인가?

2. 인간은 지금까지 어떻게 생존해 왔겠는가?

1. 글을 읽기 전에 다음에 대해 이야기해 보자.

(1) 생물이 진화한다는 것은 어떤 의미인가?

(2) 생물이 진화하는 이유는 무엇인가?

2. 핵심어를 찾으며 글을 빠르게 읽어 보자.

자연 선택에 의한 진화란 철저하게 상대적인 개념이다. 생물은 결코 ㉠ 절대적인 수준에서 미래 지향적인 진보를 거듭하는 것이 아니라 주어진 환경 속에서 제한된 자원을 놓고 경쟁하고 있는 다른 개체들보다 조금이라도 낫기만 하면 선택받는다는 다분히 상대적인 개념이 진화의 기본 원리이다. 친구와 함께 곰을 피해 달아나던 한 철학자어떤 이들은 수학자라고 말하기도 한다의 이야기가 좋은 비유가 될 것이다. 우리는 자칫 곰이 무척 느린 동물이라고 착각하지만 평지나 내리막 길에서 곰은 우리보다 훨씬 빨리 달릴 수 있다. 한참 헐레벌떡 달리던 철학자또는 수학자가 홀연 걸음을 멈추고 신발끈을 고쳐 매기 시작하자 곁에 있던 친구가 다음과 같이 말했다고 한다. "다 쓸데없는 일일세. 우린 결코 저 곰보다 빨리 달릴 수 없네." 그러자 그는 "내가 저 곰보다 빨리 달릴 필요는 없네. 그저 자네보다 빨리 달리기만 하면 되니까."라고 대답했다고 한다.

다윈의 자연 선택 메커니즘을 설명할 때 흔히 '적자생존surval of fittest'이란 표현을 쓴다. 그런데 이 표현은 다윈 자신의 표현이 아니다. 스스로 '다윈의 불독'을 자처하며 다윈의 이론을 알리고 변호하던 스펜서가 1864년에 만들어 널리 퍼뜨린 이 말은 정확하게 번역하면 '최적자의 생존'이라고 해야 한다. 나는 이 표현이 알게 모르게 '최고', '일등', '유일' 등을 앞세우며 과열 경쟁을 부추긴 죄인 중의 하나라고 생각한다. 자연계에서 벌어지는 선택 과정에서 언제나 최고의 단 한 개체만이 살아남는 것은 결코 아니다. 개체군 내에 존재하는 변이의 스펙트럼 어느 지점에 자연 선택의 칼날이 내려칠지는 아무도 가늠할 수 없다. 함께 경쟁하는 다른 개체보다 조금이라도 나은 상태를 유지하고 있으면 그만큼 생존과 번식에서 유리한 위치를 갖게 되리라는 의미에서 'survival of fitter'라는 비교급의 개념으로 이해해야 할 것이다.

최재천. 『다윈지능』. 서울: 사이언스북스, 2012.

(1) 각 단락의 핵심어에 밑줄을 쳐 보자.

(2) 필자는 핵심어를 어떤 방법으로 설명하고 있는가?

3. 글을 다시 읽고 다음 질문에 답해 보자.

(1) 자연 선택에 의한 진화의 기본 원리는 무엇인가?

(2) 필자가 말한 'survival of fitter'의 의미는 무엇인가?

4. 글의 내용을 바탕으로 다음에 대해 추론해 보자.

(1) ㉠의 의미는 무엇이겠는가?

(2) 필자는 '적자생존(survival of fitter)'이란 표현에 대해 어떤 입장을 가지고 있는가?

5. 글에서 살펴본 상대적인 개념의 진화에 대해 더 이야기해 보자.

(1) 환경의 변화에 적응하지 못해 멸종한 생물에는 어떤 것이 있는가?

(2) 멸종한 생물과의 경쟁에서 살아남은 생물의 생물학적 특징은 무엇인가?

이해하기 2

1. 글을 읽기 전에 다음에 대해 이야기해 보자.

(1) 인간이 침팬지와 다른 점은 무엇인가?

(2) 인간만이 가진 생물학적 특성에는 어떤 것들이 있는가?

2. 질문의 의미를 파악하며 글을 빠르게 읽어 보자.

데 닛 **좋아요. 일단 책 제목부터 얘기해봅시다. 대체 유전자가 '이기적'이라는 게 무슨 뜻이지요? 유전자가 어떤 의도나 의식을 가진 존재는 아니지 않습니까?**

도킨스 유전자가 이기적인 마음을 가졌다고 생각하는 사람은 아무도 없을 거예요. 하지만 행동 측면에서는 이기적일 수 있지요. 즉 유전자는 자기 자신의 복제본을 더 많이 남기는 것이 목표인 '양' 행동한다고 할 수 있거든요. 흔히 '의도'니 '욕구'라는 정신 상태를 갖는 대상만이 행위자agent가 될 수 있다고들 합니다만, 행동적 측면만을 고려했을 때 유전자도 행위자입니다. 유전자의 행동을 가장 잘 이해할 수 있는 방식은 그것이 '마치' 이기적인 듯 행동한다고 가정할 때죠. 이게 바로 제목의 뜻입니다.

데 닛 **그러니까, 유전자를 이기적이라고 표현한 것은 어쨌든 의인화를 했다는 얘기 아닌가요? 그런데 오히려 그런 의인화를 통해서만 유전자의 행동을 정확히 이해할 수 있다는 얘기고요. 좀 복잡하네요. 제목부터가 큰 논란거리예요. 요즘으로 치면 '노이즈 마케팅'을 쓰신 것 같기도 합니다.**

도킨스 하하 글쎄요. 저는 유전자가 이기적이라는 말의 뜻을 여러 번 분명히 밝혔고, 여러 사례를 통해 그 의미도 명확히 보여줬다고 생각합니다. 그런데 제 책을 다 읽고 난 후, ㉠ "그래 맞아. 역시 인간은 참 이기적이지"라고 결론을 내리는 분들이 한둘이 아니더군요. 참 난감합니다.

데 닛 **맞아요. 제 주변에도 그렇게 읽은 사람들이 많던데요? 아니, 대부분 그렇게 결론 내리더군요.**

도킨스 혹시 이 방송을 보시는 독자들 중에서도 그런 분이 계시다면, 죄송하지만 처음부터 다시 읽으셔야 합니다. 제 책은 한마디로 '유전자는 이기적인데 어떻게 이타적인 인간이 진화할 수 있는가'라는 문제에 대한 하나의 해답이거든요. 즉 유전자는 결국 더 많은 자기 복사본을 남기기 위해 인간을 이타적이게 만들었다는 얘기니까요.

데 닛 **인간이 유전자의 '운반자'일 뿐이라는 말이 그 뜻이죠?**

도킨스 네, 맞아요. 흔히 우리는 자기 자신이 모든 행동을 결정하는 주체이고, 또 그런 행동을 통해 가장 큰 이득을 보는 존재라고 생각들을 하지요. 하지만 그렇지 않은 것 같아요. 프로이트 이론을 보세요. '무의식'이나 '리비도' 등으로 인간 행동의 원천을 설명하려 하지 않았습니까? 저는 이기적 유전자의 특성으로 다른 설명을 하고 있는 것입니다.

데 닛 **그런데 왜 유전자의 입장에서 설명해야 하는 겁니까?**

도킨스 진화를 통해 궁극적으로 남는 것은 유전자이기 때문에 그렇습니다. 개체나 집단은 그런 유전자가 만들어낸 결과물이며 한시적 존재일 뿐이죠. 유전자는 '불멸의 코일'이에요. 이기적 유전자 이론은 이타적 행동뿐만 아니라 공격 행동, 양육 행동, 부모 자식 간의 갈등, 그리고 이성간 대립을 비롯한 동물(인간을 포함한)의 다양한 사회 행동에 대한 하나의 포괄적 설명 체계라고 할 수 있지요.

장대익. 『다윈의 서재』. 서울: 바다출판사, 2014.

(1) 핵심이 되는 질문에 밑줄을 쳐 보자.

(2) 핵심 질문에 대한 대답을 정리해 보자.

3. 글을 다시 읽고 다음 질문에 답해 보자.

(1) 유전자의 이기적인 행동은 무엇인가?

(2) 도킨스가 ㉠과 같은 반응에 난감하다고 말한 이유는 무엇인가?

4. 글의 내용을 바탕으로 다음에 대해 추론해 보자.

(1) 필자는 유전자를 무엇에 비유하고 있으며 그렇게 비유한 이유는 무엇이겠는가?

(2) 이기적 유전자 이론으로 이타적 행동을 어떻게 설명할 수 있겠는가?

5. 글에서 살펴본 인간의 유전자에 대해 더 이야기해 보자.

(1) 인간의 유전자가 이기적이라고 생각하는가?

(2) 이러한 특성을 알 수 있는 예에는 무엇이 있는가?

심화하기

✎ 인간의 생물학적 변화에 영향을 주는 것에 대해 토의해 보자.

1. 이야기할 내용을 간단히 메모해 보자.

(1) 인간의 변화에 영향을 주는 생물학적 특징에는 무엇이 있는가?

(2) 앞으로 인간의 유전자가 변화할 것이라고 생각하는가?

(3) 만약 그렇다면 어떻게 변화할 것이라고 생각하는가?

2. 메모한 내용을 바탕으로 서너 명이 한 팀이 되어 토의해 보자.

(1) 다른 사람의 이야기를 들으면서 잘 이해가 되지 않는 내용이나 표현을 메모해 보자.

(2) 토의가 끝나고 난 뒤 메모한 것을 질문해 보자.

3. 각 팀에서 토의한 내용을 정리하여 발표해 보자.

자기평가

✔ 이 장의 내용을 잘 이해했는가? 또한 주제에 대한 자신의 견해를 이야기할 수 있는가? 아래의 질문에 답해 보고 '못함'에 해당하는 항목이 있다면 앞으로 돌아가서 복습해 보자.

평가 내용	못함 ←→ 잘함
• 진화의 특성에 대해 이해했는가?	←-------→
• 글의 주제와 내용을 파악할 수 있었는가?	←-------→
• 인간의 생물학적 변화에 대해 이해할 수 있었는가?	←-------→

9

과학의 발전과 삶의 변화

이 장에서는

관찰과 실험을 통해 알게 된 과학적 사실은 세계를 이해하는 데 도움을 준다. 그러나 **과학 기술**을 무조건 맹신하거나 불신하는 태도는 위험하다. **과학**을 보다 객관적으로 이해하기 위해서는 어떻게 해야 할까? 이 장에서는 과학의 **유용성**과 **한계**를 파악하고 과학이 우리 삶의 **변화**에 미치는 영향에 대해 살펴보자.

들어가기

다음 그림을 보고 이야기해 보자.

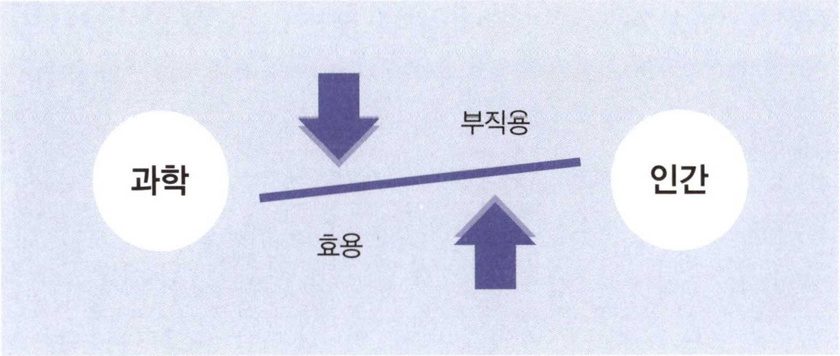

1. 과학은 인간에게 어떤 영향을 주는가?

2. 과학 기술의 부작용에는 어떤 것들이 있겠는가?

1. 글을 읽기 전에 다음에 대해 이야기해 보자.

(1) 과학 기술의 발전은 인간에게 어떤 혜택을 주었는가?

(2) 과학 기술의 발전이 양면성을 가진다는 것은 어떤 의미인가?

2. 핵심 문장을 찾으며 글을 빠르게 읽어 보자.

오늘날 과학 지식은 전문가만의 소유가 아니라 누구나 쉽게 접할 수 있는 대중적인 것이 되어가고 있다. 대부분의 사람들은 디지털 알람 소리에 눈을 뜨고, 핸드폰에 mp3, 디지털카메라를 사용하며, 이름도 복잡한 PMP에 UCC로 자료들을 교환하고, 인터넷에서 자료를 다운로드하고 전자메일을 확인하면서 하루를 보낸다. 또한 극장에서 컴퓨터 그래픽으로 제작된 영화의 매머드 영상에 감동받는다. 그리고 재활의학과 신약 개발을 위해 신경전달 물질에 대한 첨단의 과학 기술이 동원되는 것이 현실이다.

그러나 한편으로는 유전자 수입 옥수수와 미국산 수입 쇠고기에 숨겨져 있는 최악의 구렁텅이에 우리의 몸이 그냥 내던져지고 있으며, 개발이라는 기이한 명분 때문에 우리의 강과 산이 여지없이 파괴되는 환경 위기에 직면해 있다. 과학 기술 문명은 우리에게 시공간적 혜택과 물질적 풍요로움을 안겨주기는 했지만, 또한 ㉠ 잘못된 과학 기술과 산업자본의 권력이 우리의 삶을 휘어잡고 흔들어놓고 있다는 말이다. 이대로 가다가는 인류의 위기는 말할 나위도 없고, 바닷물 상승이나 오존층 파괴 등에 따르는 대재앙의 위기를 맞을 수도 있다.

그렇다면 나의 철학적 존재뿐만이 아니라 생물학적 존재도 없어질 것이다. 대재앙의 도래와 관계없이 그런 우려가 있다는 엄연한 현실만으로도 나는 행복할 수 없다. 이대로 살 것인가? 아니다. 행복을 추구하는 인간의 희망은 일종의 본성과 같다. 우리는 행복을 찾아서 살 권리가 있다. 그래서 더욱 인간이 과학 기술에 종속되어서는 안 된다. 과학 기술은 더불어 사는 삶과 우리들의 행복을 향한 수단이어야 한다. 그러기 위해서 우리는 과학을 잘 이해해야 한다. 과학을 잘 아는 것이 바로 과학 기술을 행복의 도구로 사용하는 첫걸음이기 때문이다.

구름과 땅 사이의 전자기학 물리 지식을 알기 오래 전 구석기시대 조상들은 번개 치고 천둥 울리는 그 자체가 인간들의 삶을 지배하는 공포의 대상이었다. 저 바다 끝이 낭떠러지라고 생각했던 불과 1000년 전 조상들조차 바다 너머 세계는 곧 신의 영역으로 여겨졌다. 오래 전 이야기 말고 찬란한 이성을 자랑하는 현대인도 마찬가지다. 불과 몇 년 전, 유전자로 모든 것이 결정될 것이라는 잘못된 믿음들, 혹은 나만의 유전자 복제 기술이 의료 숙원을 다 해결해줄 것이라는 환상 때문에 특정 유전자 공학자 한 사람에 의해 모든 국민이 속아 넘어간 일도 있었다. 모르면 공포의 대상이 되거나 환상의 대상이 된다. 그래서 과학을 아는 것이 중요하다고 강조했다.

과학을 안다는 뜻은 모든 사람들이 과학자나 실험 기술자가 되어야 한다는 말이 아니다. 과학 기술이 인류의 삶에서 어떤 의미를 갖는지, 과학 기술이 왜 필요한지, 과학 기술을 통해 얻어진 물질적 행복이 과연 오래 지속될 수 있는지, 서구 과학의 세계관이 왜 그들의 형이상학과 연관된다고 하는지 등을 다시 생각해 보는 일이다. 이렇게 과학을 안다는 것은 과학을 이해하는 데서 시작한다. 과학 탐구의 구체적인 내용을 설명할 수는 없어도 과학이 인간의 역사 속에서 어떤 콘텍스트를 갖는지 이해할 수 있어야 한다는 뜻이다.

최종덕·김시천 편. 『철학으로 과학하라』. 파주: 웅진지식하우스, 2008.

(1) 핵심 문장에 밑줄을 쳐 보자.

(2) 핵심 문장을 중심으로 이 글의 주제문을 써 보자.

3. 글을 다시 읽고 다음 질문에 답해 보자.

(1) 과거에는 자연 세계를 어떻게 이해했는가?

(2) '과학을 안다는 것'은 어떤 의미인가?

4. 글의 내용을 바탕으로 다음에 대해 추론해 보자.

(1) ㉠의 예에는 어떤 것이 있겠는가?

(2) 과학 기술을 행복의 도구로 사용한다는 것은 어떤 의미겠는가?

5. 글에서 살펴본 과학 지식의 중요성에 대해 더 이야기해 보자.

(1) 과학에 관심을 갖는 것은 왜 중요한가?

(2) 과학을 잘 알지 못했을 때 발생하는 문제는 무엇인가?

이해하기 2

1. 글을 읽기 전에 다음에 대해 이야기해 보자.

(1) 방사선은 일반적으로 어디에 사용되는가?

(2) 방사선은 어떠한 위험성을 가지고 있는가?

2. 글을 빠르게 읽고 내용을 두 부분으로 나누어 보자.

베크렐과 퀴리 부부에 의해 방사선이 발견됨으로써 '원자야말로 물질의 가장 작은 단위이며 어떤 방법으로도 쪼갤 수 없다'는 당시 과학자들의 믿음은 여지없이 깨지고 말았다. 그들이 발견한 방사선은 극히 미세한 물질 입자를 포함하고 있고 그것은 원자에서 갈라져 나온 것이 틀림없었기 때문이다. 이것은 원자보다도 더 작은 입자가 존재한다는 것을 의미하는 것이다.

스스로 방사능을 내는 물질의 발견은 곧바로 세계의 많은 과학자들의 연구 대상이 되었다. 톰슨(Sir Joseph John Thomson)은 방사선에서 베타선을 분리해 냈고 러더퍼드(Ernest Rutherford)는 알파선과 감마선을 분리해 냈다. 이 연구로 톰슨은 1906년에 노벨물리학상을, 러더퍼드는 1908년에 노벨화학상을 받았다.

퀴리 가문은 초창기 노벨상을 가장 많이 받았다. 우선 마리 퀴리는 1911년에 두 번째로 노벨 화학상을 받았다. 그녀의 딸과 사위인 이렌느 졸리오 퀴리(Irene Joliot Qurie)와 프레드릭 졸리오(Frederic Joliot)도 마리 퀴리의 연구를 계속하여 1935년에 공동으로 노벨 화학상을 수상했다. 그들은 비방사성 원소가 실험실에서 방사성 원소로 변화될 수 있음을 입증하는 인공 방사선을 발견했다. 그들의 연구로 과학과 의학 그리고 산업에 큰 가치가 있는 수백 종의 새로운 방사능 물질을 만들 수 있는 길이 열렸다.

그러나 다른 모든 유용한 물질과 마찬가지로 방사능도 장점과 단점을 동시에 가지고 있다. 방사능의 발견으로부터 이루어진 연구 결과에 따른 핵처리 기술은 원자폭탄이라는 가공할 무기를 만들었다. 또 X선과 마찬가지로 지나

친 방사선은 동물이나 사람에게 유해하여 유전자 돌연변이나 암을 유발한다.

실제로 라듐과 폴로늄을 발견한 퀴리 가족의 건강은 노벨상 수상처럼 그렇게 화려하지만은 않았다. 오랜 시간 라듐을 연구한 마리 퀴리는 연구 경력 동안 엄청난 양의 방사능에 노출되었다. 그녀는 이때 노출된 방사능 때문에 백혈병에 걸려 1934년에 사망했다. 이렌느 퀴리도 실험실에서 방사능에 과다 노출된 결과로 백혈병으로 사망했다.

한편 ㉠ 아이러니하게도 방사능은 백혈병을 포함한 종양의 치료에 이용되기도 한다. 또한 인공 방사능 물질인 요오드 131은 갑상선 질병을 진단하는 데 사용되기도 하며, 소변 속의 코발트 60을 파악함으로써 악성 빈혈을 진단할 수도 있다.

㉡ 포스트맨은 인간에게 유용한 기술을 두 가지나 가르쳐 주었지만 그것을 선용하는 것은 인간 책임이라는 것을 분명하게 한다.

이종호. 『노벨상이 만든 세상: 물리학』. 서울: 나무의꿈, 2007.

(1) 이 글은 어느 부분에서 둘로 나누어지는가?

(2) 각각의 핵심 내용은 무엇인가?

3. 글을 다시 읽고 다음 질문에 답해 보자.

(1) 방사선의 발견으로 기존의 학설은 어떻게 달라졌는가?

(2) 방사능의 단점은 무엇인가?

4. 글의 내용을 바탕으로 다음에 대해 추론해 보자.

(1) 필자는 왜 ㉠과 같은 표현을 사용했겠는가?

(2) ㉡의 사전적 의미는 '우체부'이다. 이 글에서는 어떤 의미로 사용되었는가?

5. 글에서 살펴본 과학적 발견의 결과에 대해 더 이야기해 보자.

(1) 역사에 남은 과학적 발견에는 어떠한 것이 있는가?

(2) 그 과학적 발견의 긍정적인 결과와 부정적인 결과는 무엇인가?

심화하기

✎ 과학 기술의 발전이 인간의 삶에 미칠 영향에 대해 토의해 보자.

1. 토의할 내용을 간단히 메모해 보자.

(1) 최근 화제가 되고 있는 과학 기술에는 어떤 것이 있는가?

(2) 그 기술들이 인간의 생활에 어떤 영향을 미치겠는가?

(3) 과학 기술의 발전은 결과적으로 인간의 미래에 긍정적인 영향을 줄 것이라고 생각하는가?

2. 메모한 내용을 바탕으로 서너 명이 한 팀이 되어 토의해 보자.

(1) 다른 사람의 이야기를 들으면서 잘 이해가 되지 않는 내용이나 표현을 메모해 보자.

(2) 토의가 끝나고 난 뒤 메모한 것을 질문해 보자.

3. 각 팀에서 토의한 내용을 정리하여 발표해 보자.

자기평가

이 장의 내용을 잘 이해했는가? 또한 주제에 대한 자신의 견해를 이야기할 수 있는가? 아래의 질문에 답해 보고 '못함'에 해당하는 항목이 있다면 앞으로 돌아가서 복습해 보자.

평가 내용	못함 ←------→ 잘함
• 과학 기술의 양면성에 대해 이해했는가?	←------→
• 글의 주제와 내용을 이해했는가?	←------→
• 과학 기술이 인간의 삶에 미치는 영향에 대해 이야기할 수 있었는가?	←------→

10

환경과 미래

이 장에서는

인간과 **환경**은 서로 **영향**을 주고받으며 **상호작용**을 한다. 인간의 활동은 환경을 변화시키고 변화된 환경은 인간 생활에 다시 영향을 준다. 환경을 대하는 인간의 태도에 따라 미래는 달라질 것이다. 이 장에서는 인간이 환경과 조화를 이루며 살아갈 수 있는 방법에 대해 살펴보자.

들어가기

다음 그림을 보고 이야기해 보자.

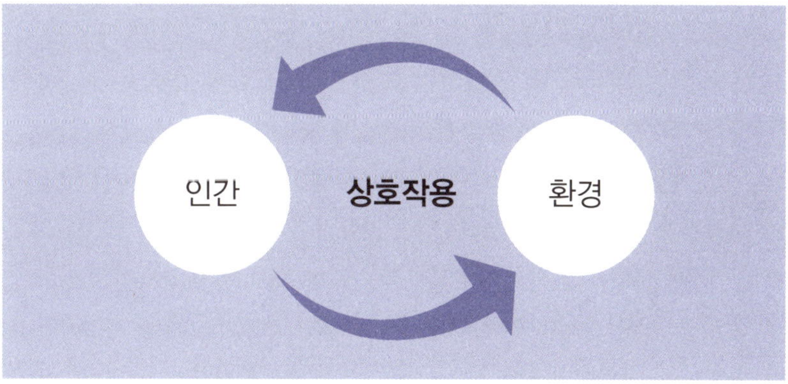

1. 인간은 환경에 어떤 영향을 미치는가?

2. 인간과 환경이 상호작용한다는 것은 무엇인가?

1. 글을 읽기 전에 다음에 대해 이야기해 보자.

(1) 인간이 환경으로부터 얻는 것은 무엇인가?

(2) 인간은 환경으로부터 얻은 것을 잘 사용하고 있다고 생각하는가?

2. 글을 빠르게 읽고 내용을 두 부분으로 나누어 보자.

사람은 환경 속에서 살아간다. 사람은 대기, 물, 땅, 생물에 둘러싸인 환경에서 살아가고 있다. 사람이 살아가기 위해서는 환경을 이용할 수밖에 없다. 사람은 물을 마시는 물로, 대기를 숨쉬는 공기로, 생물을 먹을거리로 하여 땅 위에서 기본적으로 생존하며 땅, 물, 대기, 생물을 자원으로 하여 살아가는 데 편리한 여러 가지 물건들을 만들어 사용한다.

사람은 한편으로 이렇게 환경에서 물질과 에너지를 얻어서 살아가지만, 다른 한편으론 살아가면서 생겨지는 물질과 에너지를 그를 둘러싼 환경 중으로 되돌려 보낸다. 환경으로 되돌려 보내진 물질과 에너지는 자연 속으로 흩어져 분산·희석되고, 광분해, 생물, 화학적 분해 메커니즘에 의해 자정(self-purification)되며 결국 새로운 자원으로 회귀된다. 예를 들면 사람이 내쉰 숨 속의 이산화탄소는 식물의 광합성에 원료로 사용되어 식물의 열매, 뿌리 등이 되며, 사람이 버린 더러운 물은 강을 흐르면서 그 농도가 옅어지고 강 속 미생물 등에 의해 생물·화학적으로 분해되어 깨끗한 물이 되고, 사람이 먹다 땅에 버린 음식 쓰레기도 미생물 등에 의해 땅을 기름지게 하는 퇴비가 된다. (중략)

그러나 여기에서 유의할 것은 자연환경의 이러한 자정, 회귀 능력이 무한하거나 그렇게 강력하지 못하다는 점이다. ㉠ 오히려 그 능력은 매우 제한되어 있으며, 유약하다. 사람들이 환경으로 되돌려 보낸 폐기물질의 오염용량은 자연환경의 자정, 회귀 용량을 매우 쉽게 초과하며 그 결과 자연 환경의 오염은 차츰 악화되는 것이다.

사람들은 환경 속에서 살아갈 수밖에 없으므로 이렇게 오염된 자연환경 속에서 그리고 오염된 환경자원을 이용하여 필요한 물질과 에너지를 얻어 생존해 갈 수밖에 없다. 그러나 오염된 자연환경은 우리에게 건강한 생존환경과 물질을 제공할 수가 없다. 오염된 물, 공기, 땅에서 어떻게 깨끗한 마실 물과 숨쉴 공기와 먹을거리가 나올 수 있겠는가. 결국 오염된 자연환경은 사람의 건강에 위해를 가져오고 사람의 활동을 제약하게 된다.

한국외국어대학교 환경과학연구소 편.『환경과 삶』. 서울: 광림사, 2000.

(1) 이 글은 어느 부분에서 둘로 나누어지는가?

(2) 각각의 핵심 내용은 무엇인가?

3. 글을 다시 읽고 다음 질문에 답해 보자.

(1) 사람이 환경으로 돌려보낸 물질은 어떻게 자정되는가?

(2) 환경오염이 악화되는 이유는 무엇인가?

4. 글의 내용을 바탕으로 다음에 대해 추론해 보자.

(1) 필자가 ㉠과 같이 말한 의도는 무엇이겠는가?

(2) 오염된 자연환경이 사람의 활동을 제약한다고 보는 필자의 견해에 동의하는가?

5. 글에서 살펴본 인간 생활과 환경에 대해 더 이야기해 보자.

(1) 환경의 자정 용량을 초과하여 오염이 발생한 예에는 어떤 것이 있는가?

(2) 그 오염 문제를 해결하기 위해서는 어떻게 해야 하는가?

이해하기 2

1. 글을 읽기 전에 다음에 대해 이야기해 보자.

(1) 오늘날의 환경 문제에는 어떠한 것들이 있는가?

(2) 평소에 환경을 위해 노력하고 있는 것이 있는가?

2. 핵심어를 찾으며 글을 빠르게 읽어 보자.

우리는 다음 세대에 보다 안전하고, 보다 풍요로운 환경을 전수하기 위해서 어떤 의무를 가져야 하는가? 오염과 고갈을 감소시키기 위해 에너지 소비를 줄여나갈 수 있는가? 오염조절과 환경정화에 예산을 더 투자할 수 있는가? 현재와 미래의 환경을 좀 더 개선시키기 위해서는 현대문명과 생활 스타일에 대한 우리의 자세와 기호를 바꾸어야만 할 것이다. St. Andrews Presbyterian 대학의 G. Tyler Miller 교수는 환경인식이 새로운 국면에 대처하면서 강하고 효과적인 진보를 이끌어 내는 것을 '지구인 정신(Earthmanship)'이라고 하였다. 이러한 인식은 생태권의 상호의존과 복잡성뿐만 아니라 인간개체군의 자유, 위엄, 자연군집의 안정성과 보존, 생태적 · 문명적 다양성을 보존하려는 욕구이다. 다시 말해서 '지구인 정신(Earthmanship)'의 개념은 인간가치나 경제적 진보를 배타하지 않으면서 진보가 이해와 조화를 통해 일어나자는 것이다.

현대인이 원시인처럼 손수 집을 짓고, 옷을 만들어 입고, 식량을 자급자족할 수는 없다. 그러나 일상생활에서 유행과 스타일의 변화에 민감하게 반응하지 말고, 실내의 온도를 적당하게 조절하며 손쉽게 기르기 쉬운 야채는 길러서 먹고, 생활 스타일을 일부 변경하는 것도 바람직할 것이다. 즉, 주말을 가족과 함께 마당에서 즐기거나, 가까운 거리는 걸어서 가거나 자전거를 이용하는 것은 에너지 절약뿐 아니라 건강을 위해 좋을 것이다. 이러한 경험을 통해 자연에 감사하고 단순한 생활스타일을 정착시키게 될 것이다. 물질만능주의의 감소가 반드시 생활의 질의 저하를 의미하지는 않는다. 우리들이 자연을 잘 알면 알수록 우리들은 자연을 찬미하고 사랑스럽게 여기게 되지만, 그와 동시에 점점 ㉠ 자연을 최소한의 이용 대상으로만 보게 될 것이다. 우리들은

> 자연관찰을 통해서 인간에 관한 많은 것을 배울 수 있으므로 인간 자신을 위하여 자연과 친하고 자연을 알지 않으면 안 된다. 우리는 자연과 생태적인 조화(ecological harmony)를 이루어야만 영구히 존속할 수 있을 것이다.
>
> 김희강 외. 『인간과 환경』, 제4판. 파주: 동화기술, 2008.

(1) 이 글의 핵심어는 무엇인가?

(2) 핵심어를 사용해서 글의 주제문을 써 보자.

3. 글을 다시 읽고 다음 질문에 답해 보자.

(1) 필자는 현재와 미래의 환경 개선을 위해 어떤 노력이 필요하다고 했는가?

(2) '지구인 정신'을 생활에서 실천할 수 있는 예에는 어떤 것이 있는가?

4. 글의 내용을 바탕으로 다음에 대해 추론해 보자.

(1) 필자가 '지구인 정신'의 개념을 통해 말하고자 하는 바는 무엇인가?

(2) ㉠의 의미는 무엇인가?

5. 글에서 살펴본 환경 문제의 해결 방안에 대해 더 이야기해 보자.

(1) 필자가 제시한 환경 문제의 해결 방안에 동의하는가?

(2) 더 추가되어야 할 방안에는 어떤 것이 있는가?

심화하기

✎ 자기 나라의 환경 문제와 해결 방안에 대해 발표해 보자.

1. 발표할 내용을 간단히 메모해 보자.

(1) 자기 나라에서 현재 가장 심각한 환경 문제는 무엇인가?

(2) 그 문제를 해결하기 위해 개인적, 국가적으로 어떤 노력을 하고 있는가?

(3) 앞으로 환경 문제를 해결하기 위해 어떤 노력이 더 필요하겠는가?

2. 메모한 내용을 바탕으로 발표해 보자.

3. 다른 사람의 발표를 듣고 다음에 대해 이야기해 보자.

(1) 가장 흥미로운 발표를 한 사람은 누구인가?

(2) 발표를 듣고 관심이 생긴 환경 문제는 무엇이었는가?

자기평가

이 장의 내용을 잘 이해했는가? 또한 주제에 대한 자신의 견해를 이야기할 수 있는가? 아래의 질문에 답해 보고 '못함'에 해당하는 항목이 있다면 앞으로 돌아가서 복습해 보자.

평가 내용	못함 ←------→ 잘함
• 환경과 인간의 삶과의 관계를 이해했는가?	←------→
• 글의 주제와 내용을 파악할 수 있었는가?	←------→
• 환경 문제와 해결 방안에 대해 발표할 수 있었는가?	←------→

외국인을 위한 대학 한국어 1

비판적 읽기와 학문적 쓰기

2부 표현

1. 정의
2. 예시
3. 비교와 대조
4. 묘사
5. 서사
6. 분류
7. 분석
8. 요약
9. 직접 인용
10. 간접 인용

1
정의

들어가기

중력은 무엇인가? 과학 시간에 중력을 배운 적은 있지만 한 마디로 설명하기는 어려울 것이다. 중력의 의미를 설명하기 위해서는 이것이 힘의 한 종류라는 점과 지구의 중심을 향해 작용하는 힘이라는 점을 알아야 한다. 이처럼 어떤 대상의 상위 개념과 특징을 활용하여 그것의 의미를 명확히 밝히는 설명 방법을 '**정의**'라고 한다. 이 장에서는 정의의 방법으로 글을 쓰는 방법을 알아보자.

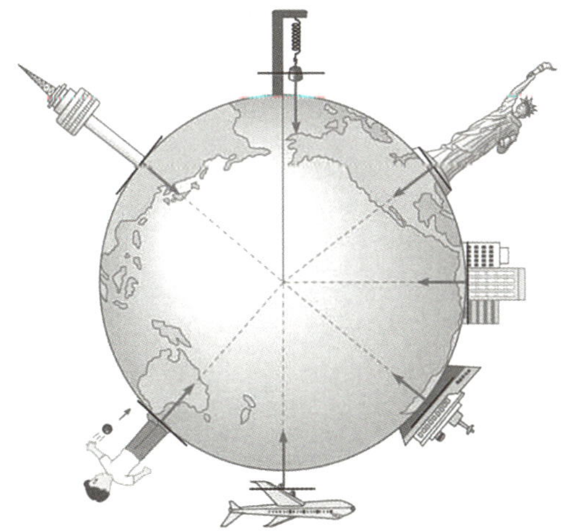

정의의 정의

정의는 어떤 말이나 사물의 **뜻을 명확히 밝혀** 설명하는 것이다. 하나의 대상을 정의하는 문장을 쓸 때에는 그 대상의 **상위 개념과 특징**을 활용할 수 있다. 예를 들어 인공지능을 정의할 때에는 인공지능이 어떤 분야에 포함되는지, 어떤 특징을 가지는지를 알아야 한다.

정의의 절차

다음 글은 '인공지능'을 정의의 방법을 이용해 설명하고 있는 글이다.

> 뉴욕의 법률회사에 취직했다는 인공지능 변호사에 대해 들어본 적이 있는가? 여기에서 **인공지능이란 인간의 지능으로 할 수 있는 사고, 학습, 자기계발 등을 컴퓨터가 할 수 있도록 하는 방법을 연구하는 컴퓨터 공학의 한 분야를 말한다.**
>
> 인공지능이라는 말이 처음 등장한 것은 1956년 여름, 미국의 다크머스 대학교에서 개최된 워크숍에서부터이다. 컴퓨터에 관한 최신의 연구 성과가 발표되었던 전설적인 이 워크숍에서 인간과 같이 생각하는 기계를 처음으로 인공지능이라고 부르기 시작했다.
>
> 이제 인공지능은 그 가능성을 의심하던 시대를 지나 현실에서 쉽게 접할 수 있는 기술이 되었다. 인공지능 기술의 발전은 세상을 더 편하고 풍요롭게 할 수 있다는 장점이 있다. 그렇지만 인간이 설 자리가 점점 줄어드는 것은 아닌지 생각해봐야 한다.

이 글에서 정의의 대상은 '인공지능'이다. 이를 정의의 방법을 이용해 효과적으로 설명하기 위해서는 다음과 같은 **절차**가 필요하다.

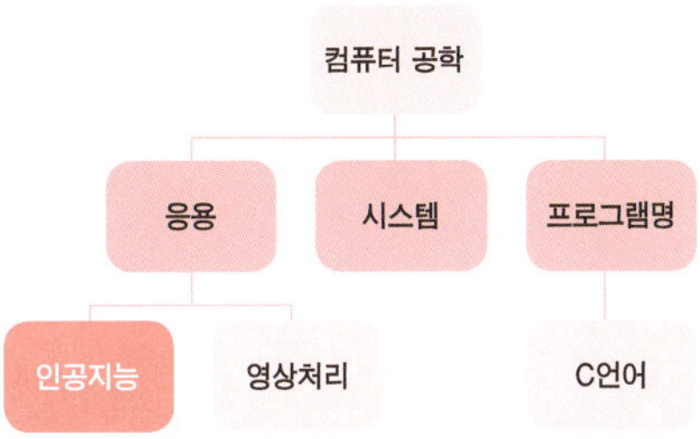

〈1〉 상위 개념을 찾는다.

정의하고자 하는 대상이 **어떤 부류에 포함되는지** 검토한다. 대상이 속하는 상위 개념이 너무 크거나 작지 않아야 한다.

◇ 인공지능의 상위 개념으로서 '공학'은 크고 '응용 공학'은 작다.

〈2〉 대상의 특징을 찾는다.

대상이 속하는 부류의 **다른 개념들과 구별되는 특징**이 무엇인지 찾는다.

◇ 인공지능은 컴퓨터 공학의 다른 하위 분야와 달리 컴퓨터가 스스로 사고하고 학습하는 방법을 연구한다는 특징이 있다.

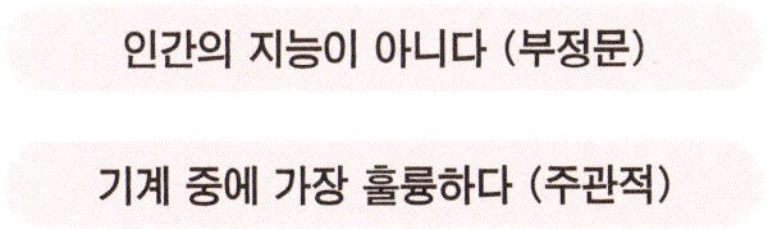

〈3〉 객관적인 내용으로 쉽게 쓴다.

주관적인 판단으로 내용을 쓰면 안 되며 반대말로 정의 내용을 쓰거나 부정문으로 표현하지 않도록 한다.

정의의 표현

정의의 표현을 알아보자.

표현
· A는 ~ 이다 · A란 ~ 을 말한다 · A는 ~ 을 의미한다

확인하기

정의의 방법으로 쓴 글을 읽어 보자.

문화는 크게 'big C(Culture)'와 'little c(culture)'로 나눌 수 있다. Brooks(1964)는 문화를 바다 위에 쌓인 거대한 얼음 덩어리인 빙하에 비유하였다. 우리 눈에 보이는 빙하는 전체의 일부분으로, 바다 아래에는 거대한 얼음 덩어리가 숨겨져 있다. 문화도 빙하와 같이 '눈에 보이는 부분'과 '눈에 보이지 않는 부분'으로 나눌 수 있다는 것이다. 'big C'란 눈으로 확인할 수 있는 문화로서 공동체 구성원이 성취한 문화를 말한다. 그 예로 건축물이나 예술 작품을 들 수 있다. 'little c'란 눈으로 볼 수는 없지만 공동체 구성원들이 공유하고 있는 개념을 의미한다. 구성원의 가치관이나 태도, 행동 양식 모두 'little c'에 포함된다.

1. 정의하는 대상은 무엇인가?

2. 정의하는 대상의 상위 개념과 특징은 무엇인가?

3. 정의하기 위해 사용한 표현은 무엇인가?

연습하기 ①

✎ 다음 문장이 대상을 잘 정의하고 있는지 생각해 보자.

1. 다음 문장을 읽고 적절하지 않은 부분에 밑줄을 쳐 보자.

①

집단주의는 개인주의의 반대 개념이다.

②

로봇공학은 로봇에 관한 매우 가치있는 공학의 한 분야이다.

③

세균이란 단세포 생물로 원핵균류 중에서 마이코플라즈마류와 점액세균류, 스피로헤타류 등을 제외한 것으로 고등한 생물이 아닌 것을 의미한다.

2. 밑줄 친 부분이 적절하지 않은 이유는 무엇인가?

✎ 대상을 정의하기 위해 상위 개념과 특징을 찾는 연습을 해 보자.

1. 다음 대상의 상위 개념을 A, B 중에서 골라 보자. 그렇게 선택한 이유는 무엇인가?

정의 대상	상위 개념	
① 게스트 하우스	A. 집	B. 숙박시설
② 케이팝(K-pop)	A. 대중음악	B. 예술
③ 공기업	A. 사기업	B. 기업

2. 다음 대상의 상위 개념과 특징을 써 보자.

예

게스트 하우스	상위 개념	숙박시설
	특징	여행자, 침실 제공, 가정적인 분위기

①

케이팝(K-pop)	상위 개념	
	특징	한국 음악,

②

공기업	상위 개념	
	특징	

③

웹툰	상위 개념	만화
	특징	

정의로 설명하는 글을 쓸 때 사용할 수 있는 표현을 연습해 보자.

㉮	게스트 하우스	게스트하우스는 개인 가정의 일부를 활용하여 여행자에게 침실을 제공하는 숙박시설을 말한다.
㉯	케이팝	케이팝이란 세계적으로 인기가 있는 한국의 대중음악을 의미한다.
㉰	공기업	공기업은 국가나 공공단체가 직·간접적으로 투자해 소유권 및 통제권을 갖고 있는 기업을 말한다.
㉱	웹툰	웹툰이란 웹사이트에 게재된 이미지 파일 형식의 만화를 의미한다는 것이다.
㉲	반려동물	반려동물은 사람에게 심리적으로 안정감을 주며 사람과 함께 사는 동물이다.
㉳	적자생존	적자생존은 환경에 가장 잘 적응하는 생물이나 집단이 살아남는다.

1. ㉮~㉳에서 정의하기 위해 사용된 표현에 밑줄을 쳐 보자.

2. ㉮~㉳에서 표현이 잘못 사용된 문장은 무엇인가? 해당 부분을 찾아 표시해 보자.

3. 표현이 잘못 사용된 문장을 바르게 고쳐 써 보자.

4. 〈보기〉의 표현을 한 번씩 모두 사용하여 대상을 정의하는 문장을 써 보자.

보기

A는 ~ 이다　　A란 ~ 을 말한다　　A는 ~ 을 의미한다

①

한국어능력시험	상위 개념	언어능력시험
	특징	

한국어능력시험이란 외국인과 외국에 사는 한국인들을 대상으로 한국어를 사용하는 능력을 측정하고 평가하는 언어능력시험을 말한다.

②

콘셉트 자동차	상위 개념	
	특징	미래형 자동차, 모터쇼,

콘셉트 자동차는

③

성격 심리학	상위 개념	심리학
	특징	

연습하기 2

✎ 다음 정의하는 글을 완성해 보자.

1. 다음은 '1980년대 이후 새로 생겨난 기업의 유형'이라는 글을 쓰기 위한 개요표이다. 이를 위해 '스타트업'과 '사회적 기업'을 설명해보고자 한다. 정의할 대상을 생각하며 개요표를 완성해 보자.

<table>
<tr><td>처음</td><td>- 시대 변화에 따라 새로 생겨난 기업의 유형</td></tr>
<tr><td>중간</td><td>- 정보화 시대의 급격한 기술 발전, 복지를 중요시하는 사회적 분위기의 전환으로 새로운 형태의 기업이 출현하게 되었음.
<table>
<tr><th>대상</th><th>상위 개념</th><th>특징</th></tr>
<tr><td>① 스타트업</td><td>기업</td><td></td></tr>
<tr><td>② 사회적 기업</td><td></td><td>공익을 추구함</td></tr>
</table>
</td></tr>
<tr><td>끝</td><td>- 시대 변화에 따라 새로 생겨난 기업의 유형 요약</td></tr>
</table>

2. 표의 내용을 바탕으로 배운 표현을 사용해 문장을 써 보자.

①

②

3. 앞에서 정리한 내용을 바탕으로 다음 글을 완성해 보자.

기업은 일반적으로 공기업과 사기업 혹은 대기업과 중소기업으로 구분된다. 그러나 1980년대 이후, 정보화 시대의 급격한 기술 발전과 복지를 중요시하는 사회적 분위기의 전환으로 '스타트업', '사회적 기업'과 같은 새로운 유형의 기업이 출현하게 되었다.

스타트업이란 ....

....

....

스타트업은 최신 기술 발달로 빠르게 변화하는 사회에서 새로운 생산품과 서비스를 창조하기 위해 형성되었다.

사회적 기업은 ....

....

....

1970년대 말 유럽은 재정난으로 인하여 복지정책을 축소하였는데 이 시기에 생겨난 빈곤 및 실업과 같은 문제를 해결하는 과정에서 사회적 기업이 탄생되었다.

이처럼 기업의 유형은 시대 및 사회적 변화와 밀접한 관련이 있다. 최신 기술의 발달로 아이디어의 중요성이 강조되면서 스타트업이 출현하였고 복지의 중요성이 강조되면서 사회적 기업이 탄생하게 되었다. 4차 산업 혁명 시대가 본격적으로 펼쳐지는 미래에는 또 어떤 유형의 기업이 탄생될지 지켜볼 일이다.

4. 완성한 글의 구성과 내용을 다시 점검하고 수정해 보자.

자기평가

자신이 이 장의 내용을 잘 이해했는지, 배운 대로 글을 쓸 수 있게 되었는지 아래의 질문에 답해 보자. '못함'이라는 답이 많다면 처음으로 돌아가서 복습을 해 보자.

- 정의의 방법을 이해했는가?
- 정의의 표현을 사용할 수 있었는가?
- 정의의 방법으로 글을 쓸 수 있었는가?

2

예시

들어가기

어떤 도시가 살기 좋은 도시일까? 살기 좋은 도시에 대해 물어본다면 '서울'처럼 실제 도시의 이름을 말할 수도 있고 '안전한 곳', '교통이 편리한 곳'처럼 살기 좋은 도시의 구체적인 조건들을 통해 설명할 수도 있다. 이렇게 구체적인 예를 통해 대상에 대해 설명하는 방법을 '**예시**'라고 한다. 이 장에서는 예시의 방법으로 글을 쓰는 방법을 알아보자.

예시의 정의

예시는 구체적인 **예를 통해서 독자가 쉽게 이해**할 수 있도록 설명하는 방식을 말한다. 예를 들어 미디어는 신문, TV와 같은 미디어의 실제 예를 통해 설명할 수 있다.

예시의 종류

예시는 설명하는 대상에 포함되는 것을 나열하는 방법과 설명하는 대상의 구체적인 사례를 보여주는 방법이 있다. 〈가〉는 미디어라는 대상을 설명하기 위해 신문, TV, 라디오, 영화, 잡지 등을 나열하는 방법을 사용한 것이다. 그리고 〈나〉는 미디어의 기능 중 하나를 설명하기 위해 구체적인 사례를 든 것이다.

〈가〉 대상에 포함되는 유형 나열

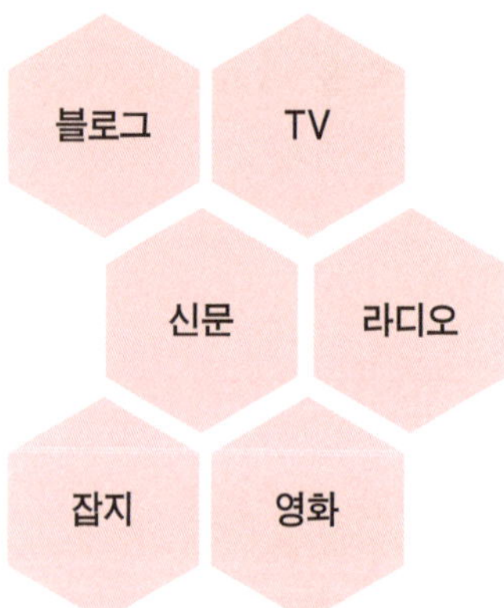

신문, TV, 라디오, 영화, 잡지 등이 미디어의 대표적인 예이다.

〈나〉 대상의 구체적인 사례 제시

미디어의 기능: 타인과 경험 공유

- 라디오나 텔레비전을 통해서도 실제 경기장에서 야구를 관람할 때 다른 사람들과 느끼는 공동체 의식을 느낄 수 있음

사람들은 미디어를 통해 타인과 경험을 공유하기도 한다. 예를 들어, 라디오나 텔레비전을 통해서도 공동체 의식을 느낄 수 있다. 각자 경기를 보거나 듣는 장소는 달라도 실제 한 경기장에 있는 것처럼 경험을 공유할 수 있는 것이다.

예시의 절차

다음 글은 '미디어'와 미디어의 기능'을 예시를 사용해 설명하고 있는 글이다.

미디어란 매체, 수단이란 뜻으로 대중에게 많은 정보를 전달하는 것을 말한다. **신문, TV, 라디오, 영화, 잡지 등이 대표적인 예이다. 최근에는 과학기술의 발전에 따라 온라인 신문, 블로그, 위키피디아 등의 뉴 미디어가 정보전달 수단으로 자주 사용되고 있다.**

사람들은 미디어를 통해 호기심을 충족하고 소식을 전해 듣는다. 즐거움을 느끼고 아름다움을 경험하며 기분전환을 할 수도 있다. 또한 타인과 경험을 공유하기도 한다. **예를 들어, 라디오나 텔레비전을 통해서도 공동체 의식을 느낄 수 있다. 각자 경기를 보거나 듣는 장소는 달라도 실제 한 경기장에 있는 것처럼 경험을 공유할 수 있는 것이다.** 이렇게 공유된 미디어 콘텐츠는 사람들의 대화에서 중요한 화제가 되어 친밀감을 높이는 데 도움이 된다.

이 글에서 설명하는 대상은 '미디어'와 '미디어의 기능'이다. 이 두 가지를 예를 들어 설명하기 위해서는 다음의 **절차**가 필요하다.

〈가〉 대상에 포함되는 유형 나열

〈1〉 누구나 알고 있는 것을 찾는다.

대상에 포함되는 구체적인 유형이 무엇인지 찾는다. 이때의 예는 일반적이고 보편적인 것이어야 한다.

◇ 누구나 알고 있는 신문, TV, 영화 등을 예로 든다.

↓

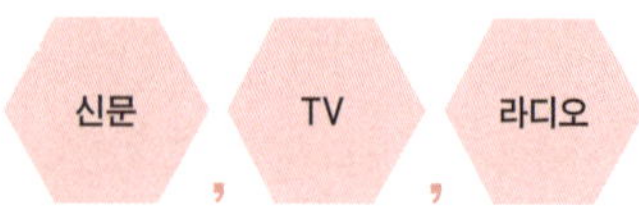

〈2〉 구체적인 예들을 나열하여 쓴다.

◇ 미디어에 속하는 두 개 이상의 예를 '와/과, 이나, 그리고' 등의 표현이나 쉼표를 사용하여 나열한다.

〈나〉 대상의 구체적인 사례 제시

타인과 경험 공유

- 라디오나 텔레비전을 통해서도 공동체 의식을 느낄 수 있음

〈1〉 구체적인 사례가 되는 정보를 찾는다.

사례에는 **대표적인 사건**이나 **상황** 등이 포함될 수 있다.

◇ '타인과 경험 공유'라는 미디어의 기능을 설명하기 위해 스포츠 경기를 볼 때의 상황을 예로 들 수 있다.

↓

타인과 경험을 공유하기도 한다.

- 라디오나 텔레비전을 통해서도 공동체 의식을 느낄 수 있다. 사람마다 경기를 보거나 듣는 장소는 달라도 실제 한 경기장에 있는 것처럼 경험을 공유할 수 있는 것이다.
- 이렇게 공유된 미디어 콘텐츠는 사람들의 대화에서 중요한 화제가 되어 친밀감을 높이는 데 도움이 된다.

〈2〉 사례와 그에 대한 설명의 순서로 쓴다.

사례를 쓴 후 이를 풀어서 설명한다.

◇ 사례만 제시하면 글쓴이의 의도가 잘 전달되지 않을 수 있다.

예시의 표현

예시의 표현을 알아보자.

표현	
· 예를 들면 ~ · 예를 들어 ~ · 예컨대 ~	· A, B, C가 그 예이다 · A, B, C를 예로 들 수 있다

확인하기

예시의 방법으로 쓴 글을 읽어 보자.

기부란 어려운 사람들을 돕기 위하여 돈이나 물건을 내놓는 것을 말한다. 자선냄비 모금, 연탄 배달 나눔, 재능 나눔 등이 그 예이다. 이 같은 것들은 큰돈이 있어야 할 수 있는 것은 아니지만 왠지 특별한 사람들이 정해진 시간에 특정 방식으로 하는 것이라고 생각하기 쉽다.

그런데 최근에는 새로운 미디어의 발전으로 사회운동이나 환경운동에 자동으로 소액기부를 할 수 있게 하는 새로운 자동 기부 방식들이 다양하게 실험 중에 있다. 예컨대 캘리포니아의 레스토랑들에서 사용할 수 있는 고객용 애플리케이션 '모글'은 식사비의 1%를 빈곤층에게 식량을 지원하는 단체에 자동으로 기부한다. 고객에게 누적되는 포인트 대신에 식사 기부를 선택하면 그렇게 기부한 포인트는 새로운 종류의 고객 통화가 된다. '모글'은 사람들이 특별한 노력 없이도 봉사에 참여하면서 더 즐겁게 외식할 수 있는 동기를 제공한다. 한국에서 사용할 수 있는 애플리케이션 '기부톡'은 통화를 할 때에 애플리케이션이 자동으로 실행되어 일정 금액만큼 기부가 되는 방식 등으로 진행된다. 기부의 특별한 절차가 없기 때문에 기부에 쉽게 적응할 수 있는 방식이다.

이처럼 기부라는 것은 생각보다 어렵지 않다. 애플리케이션 시장을 비롯한 모바일, 미디어 시장이 급속도로 발전됨에 따라서 앞으로도 자동 기부 방식은 더욱 활성화될 것으로 보인다.

1. 예시의 대상은 무엇인가?

2. 이 글에서는 어떤 예시 방법이 사용되었는가?

3. 예시를 위해 사용한 표현은 무엇인가?

연습하기 1

✎ 예시가 가능한 대상을 찾고 대상의 적절한 예를 써 보자.

1. 다음 중 예시가 가능한 대상들을 골라 보자. 그렇게 생각한 이유는 무엇인가?

구기 종목	플라시보 효과	설상가상
모바일 제품	한국의 경제	별의 생성 과정

2. 다음의 대상을 설명하기에 적절한 예를 써 보자.

예 1

세계 정치에 영향을 미친 여성 정치인들은 상당히 많다.

- 마가릿 대처, 앙겔라 메르켈, 아웅산 수치, 미첼 바첼렛

예 2

하나를 보면 열을 안다.

- 성실하고 예의바른 사람이 다른 것도 잘 할 것임
- 약속 시간을 잘 지키지 않는 사람이 다른 규칙도 잘 지키지 않을 것임

①

휴양하기 좋은 나라들 중에는 동남아시아에 있는 국가들이 많이 포함된다.

- 말레이시아, 인도네시아,

②

지구온난화는 환경에 큰 영향을 미치고 있다.

- 남극의 빙하가 녹는 현상
-

✎ 예시로 설명하는 글을 쓸 때 사용할 수 있는 표현을 연습해 보자.

㉮	세계 정치에 영향을 미친 여성 정치인들은 상당히 많다. 예를 들면, 마가릿 대처, 앙겔라 메르켈, 아웅산 수치, 미첼 바첼렛 등이 있다.
㉯	옛말에 '하나를 보면 열을 안다'는 말이 있다. 이 말은 어떤 한 가지 일을 보고 전체를 짐작할 수 있다는 의미의 속담이다. 어떤 사람이 성실하고 예의도 바르면 다른 면에 있어서도 훌륭한 사람일 것이라고 미루어 짐작하는 것을 그 예로 들 수 있다.
㉰	한국어는 고유어와 한자어, 외래어 등으로 구성되어 있다. 그중 외래어의 비율이 점차 증가하고 있는데 예를 들어, 텔레비전, 멀티미디어, 모바일 등이 있다.
㉱	나비의 날갯짓처럼 작은 바람이 폭풍우와 같은 커다란 변화를 일으킬 수 있다는 것이 바로 '나비 효과'이다. 예컨대, 지난 여름 장마철이 시작된 이후 기상청은 일주일 내내 장맛비가 이어지겠다고 예보하였으나 비는 오지 않고 무더위가 계속되었다. 잘못된 기상 정보는 많은 사람들의 휴가 일정을 바꾸었고 농촌과 어촌에 사는 사람들에게도 큰 피해를 주었다.

1. ㉮~㉱에서 예시의 대상을 찾아 보자.

2. 대상의 구체적인 예를 찾아 써 보자.

㉮	
㉯	

㉰	
㉱	

3. 예시를 위해 사용된 표현에 밑줄을 쳐 보자.

4. 〈보기〉의 표현을 사용하여 예시하는 문장을 써 보자.

보기

예를 들면 ~	A, B, C가 그 예이다
예를 들어 ~	A, B, C를 예로 들 수 있다
예컨대 ~	

①

줄임 말은 단어의 일부분을 간략하게 줄여 만든 말인데, 인터넷 문화가 급속도로 발달하면서 요즘 젊은 세대들 사이에서 많이 사용되고 있다.

②

커피 소비가 점차 증가하고 있는 가운데 커피를 생산하는 지역도 점점 많아지고 있다. 원래 커피는 적도를 중심으로 남위 25도에서 북위 25도 사이의 지역에서 재배 및 생산된다. 그래서 이 지역을 커피 벨트라고 한다. 커피 벨트 지역에는 여러 나라들이 포함된다. ……………………

③

멀티미디어 자료는 정보를 효과적으로 전달하기 위해 개발된 것으로 다양한 형태가 있다. 발표를 할 때도 청중과의 소통을 위해 다양한 멀티미디어 자료를 활용할 수 있다. ……………………

연습하기 2

다음을 예시하는 글을 완성해 보자.

1. 다음은 '**살기 좋은 도시**'에 대한 글을 쓰기 위한 개요표이다. 이를 위해 '살기 좋은 도시'의 예와 '살기 좋은 도시의 조건'을 사례로 들어 설명하고자 한다. 설명할 대상을 생각하며 개요표를 완성해 보자.

<table>
<tr><td>처음</td><td>- 살기 좋은 도시의 의미
- 살기 좋은 도시의 예를 제시

① 취리히,</td></tr>
<tr><td>중간</td><td>- 살기 좋은 도시의 조건을 사례를 통해 제시
<table><tr><th>조건</th><th>내용</th></tr><tr><td>② 자연 친화적 환경</td><td>호주 시드니는</td></tr><tr><td>③ 편리한 교통</td><td></td></tr><tr><td>④ 안전한 생활 환경</td><td></td></tr></table></td></tr>
<tr><td>끝</td><td>- 살기 좋은 도시의 특징 요약</td></tr>
</table>

2. 표의 내용을 바탕으로 배운 표현을 사용해 문장을 써 보자.

①

②

③

④

3. 앞에서 쓴 문장을 활용해 다음 글을 완성해 보자.

살기 좋은 도시란 어떤 도시일까? 일반적으로 살기 좋은 도시라고 하면

그렇다면 이런 도시들은 어떤 이유에서 살기 좋은 도시로 뽑힌 것일까? 도시가 가진 조건을 통해서 살기 좋은 도시의 특징을 구체적으로 살펴보고자 한다.

첫째, 살기 좋은 도시는 자연 친화적인 환경을 가진 도시이다. 예를 들어 호주 시드니는 자연을 있는 그대로 잘 보존하고 있다. 그래서 자연과 도시가 조화롭게 공존하고 있다는 평가를 받는다.

둘째,

이와 같이 살기 좋은 도시들은 사람과 자연이 조화를 이루며 생활하기 편리하고 안전하다는 특징을 갖는다.

4. 완성한 글의 구성과 내용을 다시 점검하고 수정해 보자.

자기평가

자신이 이 장의 내용을 잘 이해했는지, 배운 대로 글을 쓸 수 있게 되었는지 아래의 질문에 답해 보자. '못함'이라는 답이 많다면 처음으로 돌아가서 복습을 해 보자.

- 예시의 방법을 이해했는가?
- 예시의 표현을 사용할 수 있었는가?
- 예시의 방법으로 글을 쓸 수 있었는가?

3

비교와 대조

들어가기

아날로그 텔레비전만 사용해 본 사람에게 디지털 텔레비전을 어떻게 설명하면 좋을까? 아날로그 텔레비전과의 공통점과 차이점을 활용해 설명한다면 이해가 더 쉬울 것이다. 이처럼 대상 간의 공통점과 차이점을 이용해 설명하는 방법을 **'비교·대조'**라고 한다. 이 장에서는 비교·대조의 방법으로 글을 쓰는 방법을 알아보자.

아날로그 텔레비전

디지털 텔레비전

비교·대조의 정의

비교와 **대조**는 **대상 간의 공통점**과 **차이점을** 설명하는 것이다. 이때 비교와 대조의 **대상은 같은 범주 안**에 속해 있어야 한다. 예를 들어, 뮤지컬과 오페라는 음악극이라는 같은 범주에 있지만 차이점도 가지기 때문에 비교·대조가 가능하다.

비교·대조의 절차

다음 글은 '뮤지컬'을 '오페라'와의 비교·대조를 통해 설명하고 있는 글이다.

> 뮤지컬과 오페라는 음악과 이야기가 만나 완성되는 음악극이라는 점에서 공통점을 가진다. 또한 아름다운 음악과 출연자들의 연기, 무용, 무대 예술 등의 다양한 예술 장르가 조화를 이룬다는 점에서도 유사하다. 이렇게 뮤지컬과 오페라는 비슷하다.
>
> 그러나 뮤지컬과 오페라는 음악이 차지하는 비중이나 대사의 유무 등에 있어서 차이점을 가진다. 뮤지컬은 오페라에 비해 극에서 음악이 차지하는 비중이 적다. 뮤지컬은 극의 상황에 따라 노래를 부르며 대사를 표현할 때도 있고, 노래 없이 대사만 주고받거나 춤으로 상황을 표현할 수도 있다. 반면에 오페라는 대사 없이 노래로 이야기를 전달한다. 이 때문에 뮤지컬 출연자들은 노래를 부르며 연기하는 '뮤지컬 배우'라고 부르지만 오페라에서는 '오페라 가수'라고 부른다.
>
> 간단히 말해 뮤지컬에서는 음악의 비중이 상대적으로 적고 스토리와 극이 더 중심이 되지만 오페라는 음악의 비중이 더 크다는 점에서 차이가 있다.

이 글에서 비교·대조의 대상은 '뮤지컬'과 '오페라'이다. 이들을 비교·대조를 이용해 효과적으로 설명하기 위해서는 다음과 같은 **절차**가 필요하다.

오페라 (○) / 예술 (×) / 공연 (×) **비교와 대조가 가능한 대상 (B) 선정**	**〈1〉 비교와 대조의 대상을 찾는다.** 설명하고자 하는 대상 (A)와 **비교·대조가 가능한 다른 대상 (B)을 찾는다.** (B)는 (A)와 같은 범주에 있어야 한다. ◇ 예술이나 공연은 뮤지컬보다 상위의 개념이기 때문에 비교와 대조의 대상이 될 수 없다.

↓

뮤지컬	오페라	
음악극 종합예술 음악과 대사, 무용 등으로 구성 뮤지컬 배우	음악극 종합예술 음악만으로 구성 오페라 가수	**〈2〉 비교·대조의 기준을 정한다.** **대상의 특성을 바탕으로 비교·대조의 기준을 정한다.** 먼저 두 대상의 특성이 무엇인지를 정리한 다음, 두 대상을 비교·대조하기 위한 기준을 찾는다. ◇ 뮤지컬과 오페라 각각의 특징을 생각나는 대로 정리해 본다.
(A)와 (B) 특징 정리		

↓

공연의 방식과 출연자 특징	**방식과 내용 → 공통점** 음악극, 종합예술 **음악의 비중, 출연자의 특징 → 차이점** 음악, 대사, 무용 등 ↔ 음악 뮤지컬 배우 ↔ 오페라 가수	**〈3〉 공통점과 차이점을 정리한다.** 각각의 **기준**을 **중심**으로 **공통점과 차이점**을 정리한다. ◇ 뮤지컬과 오페라는 음악극이라는 공통점을 가진다. 그렇지만 음악과 대사의 비중, 출연자의 명칭 등이 다르다. 이와 같은 공통점과 차이점으로 정리한다.
기준 선정	**기준에 따라 정리**	

비교·대조의 표현

비교·대조로 설명하기 위해 필요한 표현을 알아보자.

구분	표현
비교	· A와 B는 ~ -는 공통점을 가진다 · A와 B는 ~ -는 점에서 유사하다 · A는 B와 ~ 가 유사하다 · A는 B와 마찬가지로 ~
대조	· A와 B는 ~ -는 차이점을 가진다 · A와 B는 ~ -는 점에서 구별된다 · A가 ~ -는 데에 비해(반해) B는 ~ · A가 ~ -다면 B는 ~

확인하기

비교·대조의 방법으로 쓴 글을 읽어 보자.

달은 우리가 살고 있는 지구에서 가장 가까운 천체이며, 지구 둘레를 도는 단 하나의 위성으로 지구와 매우 밀접한 관계가 있다. 지구와 달은 태양계에 존재하며 자전과 공전을 한다는 공통점을 가진다. 또한, 달도 지구와 마찬가지로 내부에 핵이 존재하고 스스로 빛을 내지 못한다. 따라서 달이 지구의 주위를 돌 때 지구와 달의 위치에 따라서 달의 모양이 초승달·반달·보름달 등 여러 가지로 바뀌어 보이는 것이다.

이처럼 달은 지구와 여러 가지 비슷한 점이 있지만, 차이점도 있다. 먼저 지구는 항성인 태양의 주위를 돌고 있는 행성인 데 비해, 달은 지구의 주위를 돌고 있는 위성이다. 그리고 지구에는 물과 공기가 있기 때문에 생물이 살 수 있지만 달에는 물과 공기가 없어서 생물이 살지 못한다는 차이점을 가진다.

달은 크기도 지구보다 작다. 달은 지름이 지구의 약 4분의 1이고 무게가 지구의 81분의 1밖에 안 된다. 그러므로 달은 지구의 인력만이 아니라 태양의 인력도 크게 받고 있어서 달의 운동은 아주 복잡하다.

1. 이 글에서 비교·대조의 대상은 무엇인가?

2. 비교·대조를 위한 기준은 무엇인가?

3. 비교·대조를 위해 사용한 표현은 무엇인가?

연습하기 ①

✎ 두 대상을 비교·대조하기 위해 기준을 찾는 방법을 연습해 보자.

1. 다음 중 비교·대조가 가능한 대상들을 골라 보자. 그렇게 선택한 이유는 무엇인가?

소설	과학	수필
미술	예술	인간
침팬지	문학	신문
물리	잡지	화학

2. 다음의 대상을 비교·대조할 때 사용할 수 있는 기준을 써 보자.

예

소설 / 수필	공통점	문학의 장르
	차이점	내용, 분량, 목적

①

물리 / 화학	공통점	
	차이점	

②

인간 / 침팬지	공통점	
	차이점	지적능력

③

잡지 / 신문	공통점	
	차이점	

비교·대조로 설명하는 글을 쓸 때 사용할 수 있는 표현을 연습해 보자.

소설 / 수필	㉮	소설과 수필은 문학의 한 장르이며 이야기를 가진다는 점에서 유사하다.
	㉯	수필은 소설과 달리 사실을 다룬다. 또한 수필은 소설에 비해 분량이 짧다는 점에서 구별된다.
물리 / 화학	㉰	물리와 화학은 과학의 한 분야라는 공통점을 가진다.
	㉱	물리가 물질들 사이의 관계와 법칙을 밝히는 학문이라면 화학은 물질의 성질과 구조 등을 연구하는 학문이다.
인간 / 침팬지	㉲	침팬지는 인간과 마찬가지로 도구를 사용하는 동물이다.
	㉳	인간은 지적 능력이 뛰어난 데에 비해 침팬지는 지적 능력이 낮다.

1. ㉮~㉳에서 두 대상을 비교한 문장을 찾아 보자.

2. ㉮~㉳에서 두 대상을 대조한 문장을 찾아 보자.

3. 비교·대조를 위해 사용된 표현에 밑줄을 쳐 보자.

4. 〈보기〉의 표현을 한 번씩 모두 사용하여 두 대상을 비교·대조하는 문장을 써 보자.

보기

A와 B는 ~ -는 공통점을 가진다
A와 B는 ~ -는 차이점을 가진다
A가 ~ -는 데에 비해(반해) B는 ~
A와 B는 ~ -는 점에서 유사하다
A는 B와 마찬가지로 ~

①

신문 / 잡지	공통점	차이점
	정기 간행물	
비교	신문과 잡지는 일정한 기간마다 발행되는 정기 간행물이라는 점에서 유사하다.	
대조		

②

양력 / 음력	공통점	차이점
		지구의 공전 주기/달의 공전 주기
비교		
대조		

③

법 / 윤리	공통점	차이점
비교		
대조		

연습하기 2

✎ 두 대상을 비교·대조하는 글을 완성해 보자.

1. 다음은 **'텔레비전의 기능 변화'**에 대한 글을 쓰기 위한 개요표이다. 이를 위해 '디지털 텔레비전'과 '아날로그 텔레비전'을 비교·대조하고자 한다. 효과적인 **비교·대조**가 이루어질 수 있도록 다음 표를 채워 개요표를 완성해 보자.

<table>
<tr><td>처음</td><td>- 텔레비전의 정의
- 디지털 텔레비전의 등장 이전</td></tr>
<tr><td>중간</td><td>- 아날로그 텔레비전과의 비교·대조를 통해 디지털 텔레비전 설명
<table>
<tr><th>기준 \ 대상</th><th>아날로그 텔레비전</th><th>디지털 텔레비전</th></tr>
<tr><td>전달 방식</td><td colspan="2">신호를 통해 영상과 음향을 전달하는 기계이다</td></tr>
<tr><td>① 선택의 자유</td><td>방송국에서 내보내는
방송만 볼 수 있다</td><td></td></tr>
<tr><td>② 시청의 편의성</td><td></td><td>시간과 공간의 제약이
없다</td></tr>
<tr><td>③ 활용의 다양성</td><td>TV로만 사용한다</td><td></td></tr>
<tr><td>④</td><td></td><td></td></tr>
</table>
</td></tr>
<tr><td>끝</td><td>- 디지털 텔레비전의 등장으로 인한 긍정적인 변화 요약</td></tr>
</table>

2. 표의 내용을 바탕으로 배운 표현을 사용해 문장을 써 보자.

①

②

③

④

3. 앞에서 정리한 내용을 바탕으로 다음 글을 완성해 보자.

텔레비전은 신호를 통해 영상과 음향을 전달하는 기계를 말한다. 디지털 텔레비전이 개발되기 전 사람들은 아날로그 텔레비전을 통해 드라마나 뉴스 등의 영상을 시청하며 즐거움이나 정보를 얻었다. 그러나 디지털 텔레비전이 개발된 이후 텔레비전은 그 기능이나 성격이 달라졌다.

디지털 텔레비전의 개발로 인해 시청자들은 보다 능동적으로 텔레비전의 기능을 활용할 수 있게 되었으며 시간과 공간의 제약이 없이 보다 편리하게 다양한 콘텐츠를 이용할 수 있게 됐다.

4. 완성한 글의 구성과 내용을 다시 점검하고 수정해 보자.

자기평가

자신이 이 장의 내용을 잘 이해했는지, 배운 대로 글을 쓸 수 있게 되었는지 아래의 질문에 답해 보자. '못함'이라는 답이 많다면 처음으로 돌아가서 복습을 해 보자.

- 비교·대조의 방법을 이해했는가?
- 비교·대조의 표현을 사용할 수 있었는가?
- 비교·대조의 방법으로 글을 쓸 수 있었는가?

4
묘사

들어가기

자신이 인상 깊게 본 대상이나 풍경을 어떻게 설명하면 좋을까? 글을 읽는 사람이 그림을 보듯 생생하게 대상을 떠올릴 수 있도록 설명해야 한다. 이처럼 대상이나 장면을 구체적으로 설명하는 방법을 '**묘사**'라고 한다. 이 장에서는 묘사의 방법으로 글을 쓰는 방법을 알아보자.

묘사의 정의

묘사는 사람이나 사물, 상황의 특징 혹은 느낌을 **그림을 그리듯이** 구체적이고 생생하게 표현하는 것이다. 묘사를 잘하기 위해서는 어떤 대상을 바라보는 **특정한 관점이나 시각**을 정하고 그 관점에서 느낀 인상적인 특징을 표현해야 한다. 예를 들어 어떤 건물에 대해 설명한다면 외부에서 바라보는 관점과 내부로 들어가면서 보는 두 가지 관점에서 설명할 수 있다.

묘사의 종류

묘사는 방법에 따라 **객관적 묘사**와 **주관적 묘사**로 구분할 수 있다.

① 눈 쌓인 들판 한 가운데에 나무 한 그루가 서 있다. 한겨울 바람에 마른 나뭇가지가 흔들린다.

② 겨울이 와도 나무는 여전히 홀로 서 있다. 나무의 허리만큼 쌓인 눈이 나무의 외로움을 안아주는 듯하다.

객관적 묘사는 ①과 같이 대상의 모습을 사실적으로 기술하는 방식이라면 **주관적 묘사**는 ②와 같이 글쓴이가 느낀 인상을 중심으로 대상의 모습을 기술하는 방식이다.

예를 들어 〈A〉는 방 안에 있는 물건들의 모습을 사실적으로 묘사하였다. 반면 〈B〉는 글쓴이가 방을 보고 받은 인상을 중심으로 묘사하였다.

〈A〉

문을 열고 들어가면 하얀 소파와 탁자가 보이고, 그 옆으로 작은 의자가 두 개 놓여 있다. 하얀 소파 위에는 분홍 체크무늬 천으로 만든 쿠션이 하나, 하얀 쿠션이 두 개 놓여 있고, 탁자 위 꽃병에는 장미가 한 다발이 꽂혀 있다. 탁자 옆 의자 위에는 인형 두 개가 놓여 있다.

〈B〉

방안은 주인을 닮아 깔끔하고 아기자기하다. 여성스러움이 묻어나는 작고 귀여운 물건이나 온 방을 붉은 빛 향기로 채워주는 장미는 방 주인과 꼭 닮아 있다.

묘사의 절차

다음 글은 '서당도'라는 그림을 묘사의 방법으로 설명하고 있다.

서당도(단원 김홍도, 1778)

이 그림은 조선 시대를 대표하는 화가 단원 김홍도가 1778년에 그린 '서당도'이다. 김홍도는 서민들의 일상적인 모습을 재치 있게 그려내는 화가로 유명하다. '서당도'에도 상황과 인물의 생생한 표정이 구체적으로 드러난다.

방에는 훈장 선생님과 아이들이 둘러 앉아 있고 방 가운데는 작은 책상 하나가 중심을 잡고 있다. 작은 책상 앞에 양반 다리로 구부정하게 앉은 훈장 선생님은 두 볼이 불그레해 인자해 보인다. 훈장 선생님 앞에는 한 아이가 혼이 났는지 뒤돌아 앉아 한 손으로 눈물을 닦고 있다. 아이 곁에 펼쳐진 책은 주인을 잃은 채 덩그러니 방바닥에 놓여 있다. 양쪽으로 앉은 아이들은 뭐가 재미있는지 낄낄거리며 웃고 있다. 웃는 아이들 곁에 갓을 쓴 양반의 모습도 눈에 띈다.

이 그림은 인물들의 감정이 실감나게 잘 드러나 있어서 설명을 굳이 듣지 않아도 어떤 상황과 분위기를 이해할 수 있게 해준다. 굵은 선으로 단순하게 처리된 옷의 주름이나 옷에 드리워진 끈만을 강조한 묘사 등에서 김홍도 특유의 필치를 엿볼 수 있다.

이 글에서 묘사의 대상은 '서당도'이다. 묘사를 사용해 설명하기 위해서는 다음과 같은 절차와 방법이 필요하다.

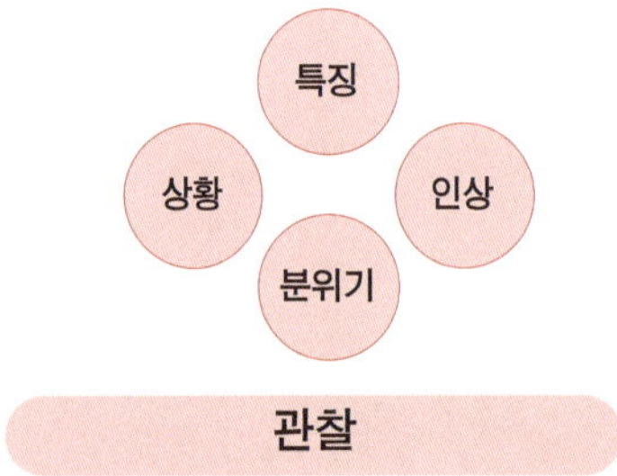

〈1〉 대상을 관찰한다.

묘사하고자 하는 대상을 세밀하게 관찰한다.

◇ 서당 안의 사람들의 표정이나 행동 등의 관찰을 통해 상황과 분위기를 알 수 있다.

↓

① 앞에서 뒤로
② 오른쪽에서 왼쪽으로
③ **전체에서 부분으로(✓)**
④ 부분에서 전체로

〈2〉 관점을 정한다.

묘사를 위한 관점을 정한다. 위의 글에서는 '전체에서 부분'으로 이동하면서 묘사를 하고 있다.

◇ 방안에 훈장님과 아이들이 앉아 있는 풍경을 묘사한 후**(전체)** 인물의 모습을 한 명씩 묘사**(부분)**하였다.

↓

전체 모습 정리	① 방에는 훈장 선생님과 아이들이 둘러 앉아 있다. ② 방 가운데는 책상이 하나 있다.
부분 모습 정리	① 방의 가운데 앉은뱅이책상 앞에 훈장 선생님이 앉아 있다. ② 선생님의 두 볼이 붉어 인자해 보인다. ③ 한 아이가 뒤돌아 앉아 울고 있다. ④ 그 아이 곁에 책이 있다. ⑤ 다른 아이들은 웃고 있다. ⑥ 아이들 속에는 어린 양반도 있다.

〈3〉 사실 혹은 느낌을 정리한다.

관찰을 통해 수집된 정보를 정해진 관점을 고려해 순서대로 정리한다.

◇ '책상이 하나 있다'와 같은 사실과 '두 볼이 붉어 인자해 보인다'와 같은 느낌을 정리했다.

↓

방의 가운데 앉은뱅이책상 앞에 훈장 선생님이 앉아 있는 훈장 선생님의 두 볼이 붉다.

방의 가운데 앉은뱅이책상 앞에 **양반 다리로 구부정하게** 앉은 훈장 선생님은 **두 볼이 불그레해 인자해 보인다.**

〈4〉 적절한 표현을 선택한다.

구체적이고 생동감 있는 묘사를 하기 위해 적절한 표현을 선택한다.

◇ 훈장의 앉은 모습을 더 구체적으로 묘사하기 위해 '구부정하게'를 사용하였다. 그리고 '붉다'라는 것을 '불그레하다'라고 표현해 생동감을 주었다.

묘사의 표현

묘사의 표현을 알아보자.

표현
· -고 있다, -아/어 있다 · -는 것 같다, -는 듯하다, -는 듯(이) 보이다/들리다, · -는 만큼, 처럼 · A는 B와 닮았다 ⇨ A는 B와 닮다

확인하기

묘사의 방법으로 쓴 글을 읽어 보자.

아침에 일어나니 폭풍우라도 몰고 오려는 듯 세찬 바람이 불고 있습니다. 날은 흐려서 어둠침침하고 검회색 구름이 마치 폭군 네로처럼 하늘을 완전히 장악하고 있습니다. 세상을 내려다보며 무언가 거대한 파괴를 범하려고 하는 듯이 보입니다. 강처럼 큰 수원지에는 바람 부는 해변에서 보았던 파도처럼 바람을 따라 흰 물결이 밀려왔다 밀려가곤 합니다. 물 위에서는 제비들이 하늘 높이 날아올라 갔다가 이내 곤두박질치듯 내려와 이리저리 원을 그리며 날아다니고 있습니다.

반팔 옷 사이로 불어오는 서늘한 바람이 금방이라도 폭풍우를 몰고 올 것 같습니다. 키가 2미터 정도쯤 되는 텃밭의 옥수수들은 장검 같은 잎들을 바람에 나부끼며 닥쳐올 폭풍우에 모두들 바짝 긴장을 하고 있습니다. 이제 막 수염을 달고 있는 옥수수들입니다. 우리 밭의 옥수수뿐만 아니라 앞 집 밭의 옥수수도 영배네 밭의 옥수수도 춘화네 밭 옥수수들도 모두모두 긴장을 하고 있습니다.

김혜강. 『격』. 서울: 해암, 2014.

1. 묘사의 대상은 무엇인가?

2. 묘사의 관점은 어떻게 이동하고 있는가?

3. 객관적으로 묘사한 부분과 주관적으로 묘사한 부분을 구분해 보자.

연습하기 1

다음 그림을 보고 묘사를 연습해 보자.

(가)

(나)

1. 〈보기〉는 묘사의 관점을 나타낸 것이다. 위의 그림을 묘사하기에 적합한 관점을 하나 정한 후 그 관점을 중심으로 그림을 묘사해 보자.

보기

① 앞에서 뒤로 ② 오른쪽에서 왼쪽으로 ③ 전체에서 부분으로 ④ 부분에서 전체로

구분	관점	묘사
(가)		
(나)		

✎ 다음 사진을 보고 객관적 주관적 묘사를 연습해 보자.

(가)

(나)

1 . 사진 속 대상들을 객관적으로 묘사하는 문장을 써 보자.

(가)	· 비가 오는 거리에 우산을 쓴 사람 둘이 서 있다. · · ·
(나)	· · · ·

2. 사진 속 대상들을 주관적으로 묘사하는 문장을 써 보자.

(가)	· 비 오는 거리가 쓸쓸하게 느껴진다. · · ·
(나)	· · · ·

연습하기 2

묘사를 사용해 다음 글을 완성해 보자.

1. 다음은 사진전에 다녀온 후 감상문을 쓰기 위한 개요표이다. 묘사할 내용을 정리해 개요표를 완성해 보자.

<table>
<tr><td>처음</td><td colspan="2">- 사진전에 대한 소개</td></tr>
<tr><td rowspan="7">중간</td><td colspan="2">- 가장 인상 깊었던 사진과 느낌 소개</td></tr>
<tr><td>대상</td><td>사실</td></tr>
<tr><td>① 길</td><td>길이 있다, 쭉 뻗어 있는 좁은 길</td></tr>
<tr><td>②</td><td></td></tr>
<tr><td>③</td><td></td></tr>
<tr><td>④</td><td></td></tr>
<tr><td>⑤</td><td></td></tr>
<tr><td>끝</td><td colspan="2">- 사진전을 다녀온 소감</td></tr>
</table>

2. 각각에 대한 느낌을 덧붙여 문장으로 써 보자.

① 들판 한 가운데에 길 하나가 곧게 뻗어 있다.

②

③

④

⑤

3. 앞에서 정리한 내용을 바탕으로 다음 글을 완성해 보자.

주말을 맞아 사진전에 갔다. 이 사진 작가는 일상을 살아가는 사람들의 평범한 모습을 사진 속에 담는 것으로 유명하다. 사진전에서 가장 인상 깊었던 사진은 '자전거'라는 사진이다.

4. 완성한 글의 구성과 내용을 다시 점검하고 수정해 보자.

자기평가

자신이 이 장의 내용을 잘 이해했는지, 배운 대로 글을 쓸 수 있게 되었는지 아래의 질문에 답해 보자. '못함'이라는 답이 많다면 처음으로 돌아가서 복습을 해 보자.

- 묘사의 방법을 이해했는가?
- 묘사의 종류와 절차를 이해했는가?
- 묘사의 방법으로 글을 쓸 수 있었는가?

5
서사

들어가기

여행이나 답사 경험을 글로 쓸 때에는 어떤 내용을 담아야 할까? 여행지를 둘러보며 보고, 느끼고, 알게 된 것을 시간의 순서대로 써야 할 것이다. 이렇게 사실이나 경험을 시간의 흐름에 따라 기술하는 방식을 '**서사**'라고 한다. 이 장에서는 서사의 방법을 사용해 글을 쓰는 방법을 알아보자.

서사의 정의

서사는 사실이나 경험을 **시간의 순서에 따라** 서술하는 방법이다. 서사는 사실이나 경험이 실제인지 허구인지에 따라서 경험적 서사와 문학적 서사로 구분된다. 먼저 경험적 '서사'란 실제 경험이나 사실을 시간의 순서대로 기술하는 것을 말한다. 기행문, 답사 보고서, 실험 및 관찰 보고서, 기사문, 역사 기술 등의 장르가 이에 속한다. 한편 문학적 서사란 허구의 일을 시간의 흐름에 따라 서술하는 것을 말하며, 시, 소설, 희곡 등을 예로 들 수 있다.

서사의 절차

다음 글은 도서관을 방문한 경험을 서사의 방법으로 쓴 글이다.

> 나의 기행은 러시아 도서관의 시조인 러시아 과학아카데미도서관Russian Academy of sciences Library에서 첫 발을 내디뎠다. 과학아카데미도서관 탐방은 정문 앞 광장에 뒷짐을 지고 서 있는 사하로프Andrei Dimitrievich Sakharov 박사의 동상에서부터 시작되었다. 그 유명한 세계적 핵물리학자이자 구소련의 반체제 인권운동가, 노벨 평화상 수상자가 아니던가. 시작부터 주눅이 들었다. 건물 안으로 들어가려는 찰나, 바로 옆이 동물 조건반사 실험으로 유명한 '파블로프의 개'의 후손들이 지금도 길러지고 있는 실험실 건물이라는 설명에 또 한 번 놀랐다. 이런 전설적인 인물들의 이름은 서막에 불과했다. 그 뒤 며칠간 놀라고 또 놀랐으니 말이다. 도서관과 유명 인사들은 이렇게 불가분의 관계다.
>
> 육중한 나무 대문을 열고 들어서니 계단 끝 2층에서 하얀 흉상이 위엄 있는 표정으로 굽어보고 있다. 오늘날의 상트페테르부르크가 있게 한, 아니 러시아가 있게 한 장본인 표트르 대제Pyotr I 이다. 그는 상트페테르부르크로 수도를 옮기고 발트해의 맹주 스웨덴과의 전쟁에서 이겨 오늘의 러시아 판도를 만든 러시아의 대표 개혁 군주로서 추앙받는 인물이다. 그가 왜 도서관 입구에 서 있는 걸까?
>
> 유종필. 『세계 도서관 기행』. 개정판. 서울: 웅진지식하우스, 2012.

이 글에서 필자는 자신의 경험을 서술하고 있다. 경험을 시간의 흐름에 따라 설명하기 위해서는 다음과 같은 **절차**가 필요하다.

숙소 ⇨ 도서관으로 이동 ⇨ 도서관 정문 앞 ⇨ 광장 ......

시작 시점으로 선택

〈1〉 글의 시작과 마무리가 될 시점을 선택한다.

◇ 답사를 한 날의 경험들을 쭉 나열해 본다. 그 중 어느 시점에서 글을 시작하여 어느 시점에서 마무리를 할지 결정한다.

⬇

① 도서관 정문 앞 (사하로프 동상)

⇩

② 도서관 건물 앞

⇩

③ 도서관 건물 입구 (표트르 대제 동상)

⇩

④ 복도식 역사홍보관

⇩

⑤ 열람실

〈2〉 주요한 장소나 경험을 선별한다.

시작 시점과 마무리 시점 사이에 있었던 일 중에서 인상적이었던 경험을 선별한다.

◇ 인상적이지 않은 경험들까지 글로 쓰면 답사문이 아니라 단순한 기록이 된다.

⬇

③ 도서관 건물 입구 (표트르 대제 동상)

***동상의 표정에 대한 묘사**

→ 하얀 흉상, 위엄 있은

***표트르 대제에 대한 설명**

→ 지금의 러시아 판도를 만듦

→ 러시아의 대표 개혁 군주

〈3〉 본 것, 느낀 것, 알게 된 것을 정리한다.

주요한 장소들에서 무엇을 보고 느꼈는지, 무엇을 알게 되었는지를 중심으로 간략하게 메모한다.

◇ 본 것(동상의 표정)과 알게 된 것(표트르 대제에 대한 설명)을 메모한다.

⬇

육중한 나무 대문을 열고 들어서니 계단 끝 2층에서 하얀 흉상이 **위엄 있는 표정으로 굽어보고 있다.** 오늘날의 상트페테르부르크가 있게 한, 아니 러시아가 있게 한 장본인 표트르 대제Pyotr I 이다. 그는 상트페테르부르크로 수도를 옮기고 발트해의 맹주 스웨덴과의 전쟁에서 이겨 오늘의 러시아 판도를 만든 러시아의 대표 개혁 군주로서 추앙받는 인물이다.

〈4〉 메모한 것을 글로 옮긴다.

경험을 단순히 시간의 순서대로 나열하기 보다는 현장감이 잘 느껴지도록 쓴다.

◇ '대문을 열고 들어가서 흉상을 봤다'라고 쓰기보다는 객관적 묘사(육중한 나무 대문)와 주관적 묘사(위엄 있는 표정)를 적절히 사용한다.

◆ 서사의 표현

서사의 표현을 알아보자.

구분	표현	
도착 및 장소 이동	· A에 도착했다 · A에서 B로 이동했다	· A로 발걸음을 옮겼다 · 그 다음으로 향한 곳은 A였다
본 것	· A에 도착하니/들어서니 · A가 눈에 들어왔다	· -ㄴ 풍경/모습이 보였다
느낀 점	· -ㄴ 듯했다	· -ㄴ 느낌이었다/느낌이 들었다
알게 된 점	· -다고 한다	· -다는 것을 알게 되었다

확인하기

서사의 방법으로 쓴 글을 읽어 보자.

제주공항에 도착해 공항청사를 빠져나오면서 나는 버릇처럼 한라산 쪽을 바라보았다. 아까 비행기에서는 분명하게 보였던 한라산 백록담 봉우리가 구름에 가려 있다. 그것이 제주 날씨의 변화무쌍함이다. 제주사람들이 말하기를 공항에 도착해서 곧바로 한라산 줄기를 통으로 볼 수 있는 사람은 복 받은 사람이거나 착한 사람이라고 할 정도로 그것을 만나기가 쉽지 않다. 날씨 운이 따라야 한다는 얘기인데, 아마도 오후가 되면, 늦어도 내일이면 한라산을 볼 수 있을 것이라고 믿고 학생들과 버스에 올랐다.

버스가 공항을 벗어나자 길고 널찍한 찻길 옆으로 잎사귀마다 윤기를 발하는 가로수가 연이어 펼쳐진다. 나는 마이크를 잡고 창밖의 가로수를 보라고 했다. (중략)

우리 답사의 첫 유적지는 한라산 산천단(山川壇)이었다. 한라산 산신께 제사 드리는 산천단에 가서 답사의 안전을 빌고 가는 것이 순서에도 맞고, 또 제주도에 온 예의라는 마음도 든다. 산천단은 제주시 아라동 제주대학교 뒤편 소산봉(소산오름) 기슭에 있다.

유홍준. 『나의 문화유산답사기 7 제주편 돌하르방 어디 감수광』. 파주: 창비, 2012.

1. 답사 장소는 어디인가?

2. 이동한 경로를 정리해 보자.

3. 각 장소에서 본 것, 느낀 것, 알게 된 것은 무엇인가?

연습하기 1

다음 사진을 보고 서사를 연습해 보자.

(가)

광화문 광장

(나)

이순신 동상

(다)

세종대왕 동상

(라)

앙부일구(해시계)

(마)

지하전시관-세종·충무공 이야기

(바)

광화문(경복궁 입구)

1. 다음은 위의 장소들을 답사 한 후에 쓴 답사 기행문의 일부이다. 문장을 읽고 본 것, 알게 된 것, 느낀 것 중 무엇을 나타낸 것인지 이야기해 보자.

예

알게 된 것, 느낀 것	광화문 광장은 600년 역사를 지닌 세종로의 옛 모습을 복원하고 시민 중심의 광장을 만들기 위해 2009년 7월 말에 완공되었다고 한다. 빌딩으로 둘러싸인 도심 한복판에서 분수가 나오고 꽃들이 피어있는 광장을 보니 도시의 삭막함이 덜어지는 느낌이 들었다.

①

	한글을 발명한 것으로 잘 알려진 세종대왕은 과학과 예술, 정치 등의 분야에서도 훌륭한 업적을 남긴 왕이라고 한다. 세세하게 표현된 동상의 얼굴 표정은 아주 온화한 느낌이 들었다. 또한 한손에는 책을 들고 또 다른 손은 앞으로 내밀고 있는 모습이 마치 선생님처럼 친근하게 느껴졌다.

②

	그다음으로 향한 곳은 지하에 자리 잡은 '세종 · 충무공 이야기' 전시관이었다. 이곳에는 세종대왕과 이순신 장군의 여러 유물들이 전시되어 있었다. 또한 영상을 통해 그들의 일대기와 업적을 볼 수 있었다. 한국의 중요한 위인과 역사를 알 수 있는 기회가 되었다.

2. 〈보기〉의 표현을 한 번씩 모두 사용하여 도착, 이동을 나타내는 문장을 써 보자.

보기

A에 도착했다	A에서 B로 이동했다
A로 발걸음을 옮겼다	그다음으로 향한 곳은 A였다

① 도착	(가)	늦은 오후 우리는 광화문 광장에 도착했다.
② 이동	(가)→(마)	
③ 이동	(마)→(바)	
④ 도착	(바)	

3. 〈보기〉의 표현을 한 번씩 사용하여 '본 것'을 써 보자.

보기

A에 도착하니 -ㄴ 풍경이 보였다　　　A에 들어서자 B가 눈에 들어왔다

① (가) 광화문 광장

광화문 광장에 도착하니

② (나) 이순신 동상

③ (바) 광화문

4. 제시된 정보를 바탕으로 〈보기〉의 표현을 한 번씩 모두 사용하여 '알게 된 점'을 써 보자.

보기

-다고 한다	-다는 것을 알게 되었다

①

⊙ 앙부일구(해시계) – 세종대왕의 발명품

세종대왕이 만들어 보급한 해시계로 사람들이 시간을 쉽게 읽을 수 있도록 12개의 동물 그림으로 시각을 표시했음

②

⊙ 이순신 – 조선 시대의 장군

임진왜란에서 수군을 이끌고 승리를 거두어 왜군을 물리치는 데 공을 세웠음

③

⊙ 거북선 – 이순신 장군의 전투선

거북 모양의 전투선으로 임진왜란 당시 이순신 장군이 해전에서 사용했음.

연습하기 2

다음의 답사문을 완성해 보자.

1. '학교 안에 있는 인상적인 건축물을 둘러보고 알게 된 것과 느낀 점을 쓰라.' 라는 과제가 있다. 정문에서 시작하여 여러 건축물을 보고 정문으로 다시 나오기까지의 경험을 글로 쓰고자 한다. 교내 건축물 중 하나를 골라 아래의 개요표를 완성해 보자.

<table>
<tr><td>처음</td><td colspan="2">- 익숙한 학교 안의 공간들 (학생식당, 동아리방 등등)
- 자주 보기는 했지만 잘 몰랐던 건축물들에 대한 호기심</td></tr>
<tr><td rowspan="4">중간</td><td>정문
⇩</td><td>정문에서의 느낌 - 매일 보는 정문이지만 새로운 느낌
정문에서 보이는 풍경 - 본관을 비롯한 건물들</td></tr>
<tr><td>본관
⇩</td><td>정문에서 본관으로 이동
본관에 대한 묘사
본관의 역사</td></tr>
<tr><td>[ ]
⇩</td><td>본관에서 이동
본 것: ① ....
알게 된 것: ② ....
....
느낀 것: ③ ....</td></tr>
<tr><td>정문</td><td>정문으로 이동
정문에서의 느낌 - 매일 보던 정문이 새롭게 보임</td></tr>
<tr><td>끝</td><td colspan="2">- 교내 건축물들을 둘러 본 후에 새롭게 느끼게 된 점들</td></tr>
</table>

2. 표의 내용을 바탕으로 배운 표현을 사용해 문장을 써 보자.

①

②

③

3. 앞에서 쓴 문장을 활용해 다음 글을 완성해 보자.

> (전략) 이러한 본관의 아름다움이 앞으로도 잘 보존되었으면 하는 생각을 하며 본관을 뒤로 하고 발걸음을 옮겼다. ....
>
> ....
>
> 학교란 곳은 너무나도 익숙한 장소인데 여러 건축물에 대해 알고 나니 학교가 새롭게 보였다. 그리고 오늘 둘러보지 못한 다른 건축물의 역사에 대해서도 더 알아보고 싶은 호기심이 생겼다.

4. 완성한 글의 구성과 내용을 다시 점검하고 수정해 보자.

자기평가

자신이 이 장의 내용을 잘 이해했는지, 배운 대로 글을 쓸 수 있게 되었는지 아래의 질문에 답해 보자. '못함'이라는 답이 많다면 처음으로 돌아가서 복습을 해 보자.

- 서사의 방법을 이해했는가?
- 서사의 표현을 사용할 수 있었는가?
- 서사의 방법으로 글을 쓸 수 있었는가?

6

분류

들어가기

도서관에서는 수많은 책들을 찾기 쉽도록 분야별로 정리해 놓는다. 글을 쓸 때에도 여러 대상들을 일정한 기준에 따라 나누면 대상을 더 체계적으로 설명할 수 있다. 이처럼 대상을 일정한 기준으로 나누어 설명하는 방법을 '**분류**'라고 한다. 이 장에서는 분류의 방법으로 글을 쓰는 방법을 알아보자.

분류의 정의

분류는 여러 대상들을 **일정한 기준에 따라 나누는 것**이다. 분류는 기준을 중심으로 상위 개념과 하위 개념의 체계를 보여 주기 위해 사용된다. 예를 들면 동물이라는 상위 개념은 척추의 유무를 기준으로 척추동물과 무척추동물이라는 하위 개념으로 나눌 수 있다.

분류의 절차

다음 글은 '동물'을 분류의 방법으로 설명하고 있는 글이다.

> 지구에는 수많은 동물들이 살고 있다. 동물을 분류하는 기준은 여러 가지가 있지만 일반적으로 **척추가 있느냐, 없느냐에 따라 척추동물과 무척추동물로 나눌 수 있다. 척추동물은 몸의 내부에 뼈가 있고 등에 척추가 있어 몸을 지탱할 수 있는 동물을 말한다. 여기에는 포유류와 조류, 어류 등이 있다. 반면 무척추동물은 몸에 척추를 가지고 있지 않은 동물을 의미한다. 연체동물, 환형동물, 절지동물 등이 여기에 해당한다.**

이 글에서 분류의 대상은 '동물'이다. 이를 분류의 방법을 이용해 효과적으로 설명하기 위해서는 다음과 같은 **절차**가 필요하다.

분류의 대상 - 동물

기준 1

척추가 있는 동물 VS 척추가 없는 동물

기준 2

체온이 변하는 동물 VS 변하지 않는 동물

기준 3

바다에 사는 동물 VS 육지에 사는 동물

〈1〉 분류의 대상과 기준을 확인한다.

분류 대상의 특성을 생각해 보고 대상을 나눌 수 있는 다양한 기준을 생각해 본다.

↓

동물의 분류

기준 - 척추 유무

척추동물 / 무척추동물

〈2〉 기준을 정하고 그에 따라 대상을 분류한다.

◇ 동물은 척추의 유무에 따라 척추동물과 무척추동물로 나눌 수 있다.

↓

동물

	척추동물	무척추동물
특징	척추가 있음	척추가 없음
예	포유류, 조류, 어류 등	연체동물, 환형동물, 절지동물 등

〈3〉 기준에 따라 분류한 다음 하위 부류의 특징을 설명한다.

기준에 따라 나눈 후에는 하위 부류의 특징이나 하위 부류에 속하는 예들을 간략히 설명한다.

◇ 척추동물과 무척추동물의 특징이 무엇인지 설명하고, 여기에 어떠한 예들이 있는지 제시한다.

분류의 표현

분류의 표현을 알아보자.

표현
· A는 ~ 에 따라 ~ 로 나눌 수 있다/나뉜다 · A는 ~ 을 기준으로 ~ 로 나눌 수 있다/나뉜다 · A는 ~ 로 분류된다

확인하기

분류의 방법으로 쓴 글을 읽어 보자.

교육평가는 평가 기준이 절대적이냐, 상대적이냐에 따라 두 가지로 나눌 수 있다. 먼저 절대평가는 목표 달성도를 평가하는 것으로 목표 지향 평가라고도 한다. 이러한 절대평가는 좋은 환경을 제공하면 학생들이 모두 일정한 교육 목표를 달성할 수 있다는 발달적 교육관에 기반을 두고 있다.

다음으로 상대평가는 상대적인 비교 기준에 따라 평가하는 것을 말한다. 상대평가에서는 목표 달성 여부보다는 같은 집단 내에서의 서열에 관심을 둔다. 상대평가는 한 학생이 받은 점수가 다른 학생이 받은 점수에 의해 결정된다는 특징이 있다.

1. 무엇을 분류하고자 하였는가?

2. 분류를 위한 기준은 무엇인가?

3. 분류를 위해 사용한 표현은 무엇인가?

연습하기 1

대상을 분류하기 위한 기준을 찾는 방법을 연습해 보자.

1. 다음의 대상들을 분류할 수 있는 기준들을 생각해 보자.

①	악기	· · ·
②	자동차	· · ·
③	기업	· · ·

2. 다음의 대상을 분류할 때 어떤 기준을 사용할 수 있는지 써 보자.

예

악기	기준	재질
	하위 부류	금관악기, 목관악기

①

자동차	기준	용도
	하위 부류	

②

기업	기준	
	하위 부류	대기업, 중소기업

③

운동	기준	
	하위 부류	

✏ 대상을 분류할 때 사용할 수 있는 표현을 연습해 보자.

㉮	악기	악기는 연주 형태에 따라 관악기, 타악기, 현악기로 나눌 수 있다. 관악기에는 리코더, 트럼펫 등이 있고, 타악기에는 실로폰, 탬버린 등이 있으며, 현악기에는 바이올린, 첼로 등이 있다.
㉯	자동차	자동차는 크기(배기량)를 기준으로 소형차, 중형차, 대형차로 나뉜다. 소형차는 배기량이 1,600cc 미만인 차이고, 중형차는 배기량이 1,600cc이상 2,000cc 미만인 차이다. 그리고 대형차는 배기량이 2,000cc이상인 차를 의미한다.
㉰	기업	기업은 설립 목적에 따라 공기업과 사기업으로 나뉜다. 공기업은 국가나 지방자치단체가 공공의 이익을 위해 경영하는 기업이고, 사기업은 민간인이 개인의 이익을 위해 경영하는 기업이다.
㉱	운동	운동은 운동 시 필요한 에너지원이 어떤 방법으로 공급되느냐에 따라 두 가지 유형으로 분류된다. 첫 번째 유형은 유산소운동으로 걷기, 조깅, 수영과 같이 지속적인 산소 공급이 필요하다. 두 번째 유형은 산소 공급이 충분히 이루어지지 않거나 부족한 상태에서 하는 무산소운동으로 여기에는 100미터 달리기나 역기 올리기 등이 있다.

1. 대상을 분류한 기준은 무엇인가?

㉮	
㉯	
㉰	
㉱	

2. 분류를 위해 사용된 표현에 밑줄을 쳐 보자.

3. 하위 개념을 설명한 부분을 찾아보자.

4. 〈보기〉의 표현을 한 번씩 모두 사용하여 대상을 분류하는 문장을 써 보자.

보기

A는 ~ 에 따라 ~ 로 나눌 수 있다/나뉜다
A는 ~ 을 기준으로 ~ 로 나눌 수 있다/나뉜다
A는 ~ 로 분류된다

예

동물	기준	먹이
	하위 부류	초식동물, 육식동물, 잡식동물

동물은 무엇을 먹느냐에 따라 초식동물, 육식동물, 잡식동물로 나눌 수 있다.

①

화산	기준	활동 여부
	하위 부류	활화산, 휴화산, 사화산

②

법	기준	적용 범위
	하위 부류	

③

<table>
<tr><td rowspan="2">의사소통</td><td>기준</td><td></td></tr>
<tr><td>하위 부류</td><td>언어적 의사소통, 비언어적 의사소통</td></tr>
</table>

연습하기 2

✎ 분류를 활용하여 글을 완성해 보자.

1. 다음은 '**현대 사회에서 광고가 미치는 영향**'이라는 제목으로 글을 쓰기 위한 개요표이다. 광고가 우리 생활에 많이 노출되어 있음을 '다양한 매체에 따른 광고의 분류'를 활용해 설명하고자 한다. 분류할 대상을 생각하며 개요표를 완성해 보자.

처음	현대 사회에서 광고가 미치는 영향이 커짐
중간	1. 다양한 매체에 따른 광고의 분류 ① 기준: 매체의 유형 - ② 인쇄 광고: 신문 광고, 잡지 광고 - ③ (　　　)광고: TV 광고, 라디오 광고 - 뉴미디어 광고: 인터넷 광고, 모바일 광고 2. 광고가 미치는 영향 (1) 소비 촉진 (2) 문화의 생산과 확대 (3) 공공의 가치 전달
끝	요약

2. 표의 내용을 바탕으로 배운 표현을 사용하여 문장을 써 보자.

①

②

③

3. 앞에서 쓴 문장을 활용해 다음 글을 완성해 보자.

> 현대 사회에서 광고가 미치는 영향은 크다. 우리는 인쇄물이나 방송, 인터넷 등을 통해 광고에 자주 노출되기 때문에 광고가 주는 메시지에 직·간접적으로 영향을 받고 있다.
>
> 우리 주변에서 볼 수 있는 광고의 유형은 다양하다. ....
>
> ....
>
> ....
>
> ....
>
> ....
>
> 광고는 이처럼 다양한 유형으로 나눌 수 있다. 최근 방송 광고, 뉴미디어 광고의 보급으로 인해 광고를 접하는 시간이 대폭 늘어나면서 광고는 우리의 삶과 더욱 밀접한 관련을 맺게 되었다. (후략)

4. 완성한 글의 구성과 내용을 다시 점검하고 수정해 보자.

자기평가

자신이 이 장의 내용을 잘 이해했는지, 배운 대로 글을 쓸 수 있게 되었는지 아래의 질문에 답해 보자. '못함'이라는 답이 많다면 처음으로 돌아가서 복습을 해 보자.

- 분류의 방법을 이해했는가?
- 분류의 표현을 사용할 수 있었는가?
- 분류의 방법으로 글을 쓸 수 있었는가?

7
분석

들어가기

피아노는 어떻게 소리를 만들어낼까? 이를 설명하려면 피아노의 내부가 무엇으로 이루어져 있는지, 각각은 어떤 역할을 하면서 소리를 만들어내는지를 알아야 한다. 이렇게 하나의 대상을 이루는 구성 요소들을 하나하나 쪼개어 설명하는 방법을 **분석**이라고 한다. 이 장에서는 분석의 방법을 사용해 글을 쓰는 방법을 알아보자.

분석의 정의

분석은 하나의 대상을 **그것을 구성하는 요소를 통해 설명하는 방법**이다. 분석을 하는 목적은 **각각의 요소가 어떤 기능을 하고 서로 어떠한 연관을 갖는지**를 총체적으로 파악하는 데에 있다.

앞 단원에서 살펴보았던 분류가 하나의 대상을 기준에 따라 나누어 설명하는 방식이라면, 분석은 하나의 대상을 그것을 이루는 구성 요소로 쪼개어 설명하는 방식이다. 예를 들어 피아노는 모양에 따라 '그랜드 피아노, 업라이트 피아노'로 분류될 수 있고 '건반, 페달, 현, 해머' 등으로 분석될 수 있다.

분석의 절차

다음은 '사람의 심장'을 분석의 방법으로 설명한 글이다.

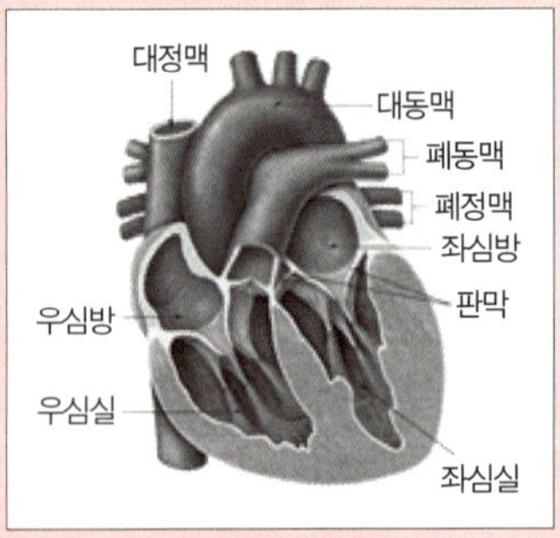

사람의 심장은 주먹만 한 크기이며, 두꺼운 근육으로 되어 있다. 심장 내부는 2개의 심방과 2개의 심실로 이루어져 있다. 심방은 심장으로 들어오는 혈액을 받아들이는 곳으로, 정맥과 연결되어 있다. 먼저 좌심방은 폐에서 온 혈액을 받아들이며, 폐정맥과 연결된다. 우심방은 온몸에서 온 혈액을 받아들이며, 대정맥과 연결된다.

심실은 혈액을 내보내는 곳으로 동맥과 연결되어 있다. 심방보다 두꺼운 근육으로 이루어져 있어 혈액을 내보내기에 알맞다. 좌심실은 온몸으로 혈액을 내보내며 대동맥과 연결되고, 우심실은 폐로 혈액을 내보내며 폐동맥과 연결된다. 마지막으로 심방과 심실 사이에 위치하는 판막은 혈액이 거꾸로 흐르는 것(역류)을 막는 역할을 한다.

이 글에서 설명하는 대상은 '심장'이다. '심장'을 분석의 방법으로 설명하기 위해서는 다음과 같은 **절차**가 필요하다.

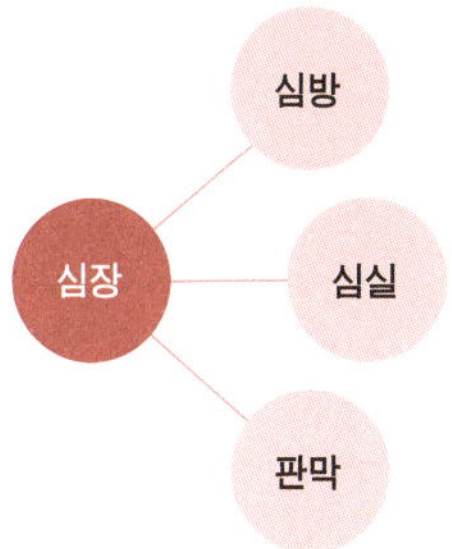

〈1〉 하나의 대상을 부분으로 분리한다.

사람의 심장을 구성하는 요소가 무엇인지를 나눈다.

◇ 심장의 구성 요소를 크게 심실, 심방, 판막으로 나누었다.

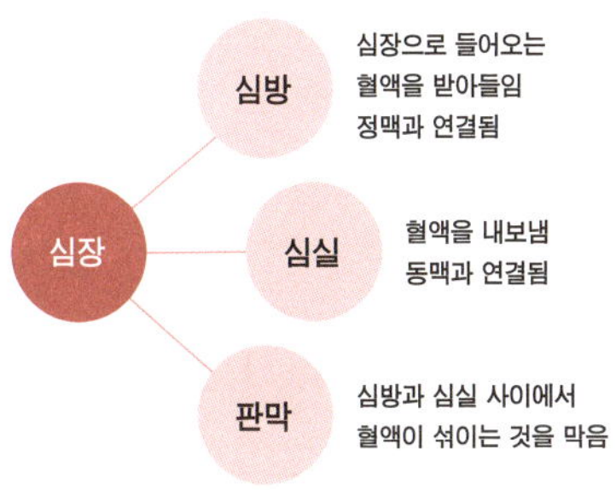

〈2〉 각 요소가 어떤 기능을 하는지를 정리한다.

요소를 나눈 뒤에는 각 요소의 기능을 알아본다. 그 다음에는 각 요소들끼리 어떠한 관계가 있는지를 조사한다.

〈3〉 전체적인 구조를 먼저 기술한다.

먼저 대상이 어떤 요소들로 이루어져 있는지를 기술한다.

심장 내부는 2개의 심방과 2개의 심실로 이루어져 있다.

〈4〉 각 요소들은 어떠한 기능을 하는지 서술한다.

각각 요소의 기능은 무엇이며, 서로 어떠한 연관성을 갖는지를 중심으로 설명한다.

심방은 심장으로 들어오는 혈액을 받아들이는 곳으로, 정맥과 연결되어 있다. 먼저 **좌심방**은 폐에서 온 혈액을 받아들이며, 폐정맥과 연결된다. **우심방**은 온몸에서 온 혈액을 받아들이며, 대정맥과 연결된다. **심실**은 혈액을 내보내는 곳으로, 동맥과 연결되어 있다. 심방보다 두꺼운 근육으로 이루어져 있어 혈액을 내보내기에 알맞다.

◇ 심장을 구성하는 요소들을 '좌→ 우', '위 → 아래'의 순서로 설명하였다.

분석의 표현

분석의 표현을 알아보자.

구분	표현
구성 요소를 설명할 때	· A는 ~ 로 구성된다 · A는 ~ 로 이루어져 있다 · A에는 ~ 가 포함된다
기능을 설명할 때	· A의 기능/역할은 ~ -는 것이다 · A는 ~ -는 기능/역할을 한다

확인하기

분석의 방법으로 쓴 글을 읽어 보자.

생태계는 크게 생물체계를 의미하는 바이옴(biome)과 그들의 생활 환경이 되는 서식처(habitat)의 두 가지 요소로 구성된다. 바이옴은 사회적 단위를 이루는 생물체의 총체를 의미하며, 서식처는 공기, 수분, 토양 등 무기물적 자연환경을 의미한다. 바이옴과 서식처를 구성하는 많은 요소들이 서로 연계되면서 다양한 차원의 생태계를 이룬다. 이러한 생태계를 기능적으로 구분하면 크게 무생물적 환경, 생산자, 소비자, 그리고 분해자의 네 가지 요소로 이루어진다(Odum, 1992).

무생물적 환경(abiotic environment)은 생물의 자연환경을 이루는 물리·화학적 요소들로서 햇빛, 온도, 습도, 물, 토양 등을 말하며, 이러한 무생물적 환경은 지역 생태계의 형태와 구조를 결정한다.

생산자는 다른 모든 생물체에게 직·간접적으로 먹이가 되는 유기물질을 1차적으로 생산하는 생물체를 말한다. 이들은 광합성작용을 통하여 영양분을 생산하는 녹색식물들로서 독립영양체(autotroph)를 이룬다.

소비자는 생산자 또는 다른 소비자를 먹이로 하는 생물체를 말한다. 소비자는 녹색식물과 같은 생산자를 먹이로 하는 1차 소비자와 1차 소비자를 먹이로 하는 2차 소비자로 나눌 수 있으며, 소비수준에 따라 3차 소비자, 4차 소비자 또는 그 이상의 소비자로 나눌 수도 있다.

분해자는 생산자나 소비자와 같은 유기물을 분해하여 무기물로 만드는 생물을 말하며, 균류와 박테리아가 대표적이다. 분해된 무기물은 무생물환경으로 돌아가서 다시 생태계를 순환한다. (후략)

김종욱 외. 『한국의 자연지리』. 개정판. 서울: 서울대학교 출판문화원, 2012.

1. 분석의 대상은 무엇인가?

2. 그 대상은 어떤 구성 요소로 나뉘는가?

3. 분석을 위해 사용한 표현은 무엇인가?

연습하기 1

✎ 하나의 대상을 분석하여 설명하는 방법을 연습해 보자.

1. 다음 중 구조나 기능을 분석할 수 있는 대상을 골라 보자. 그렇게 생각한 이유는 무엇인가?

태양계	자유
한옥	드론
국제연합(UN)	전염병
지각(earth crust)	사물인터넷

2. 다음 대상의 구조와 기능을 분석할 때 구성요소를 어떻게 나눌 수 있는지 써 보자.

예

컴퓨터	입력 장치, 연산 장치, 제어 장치, 기억 장치, 출력 장치

①

태양계	태양, 행성,

②

국가의 권력	행정,

③

비행기	

④

귀	

⑤

국제연합(UN)	

대상을 분석하는 글을 쓸 때 사용할 수 있는 표현을 연습해 보자.

㉮	컴퓨터는 입력 장치, 연산 장치, 제어 장치, 기억 장치, 출력 장치 등이다.
㉯	태양계는 태양, 그 주위를 공전하는 행성, 소행성, 혜성, 행성 주위를 도는 위성, 유성체 등으로 구성된다.
㉰	렌즈의 기능은 눈의 수정체와 같은 역할이다.
㉱	비행기의 날개는 동체를 공중에 뜨게 하는 힘을 발생시키는 기능이다.
㉲	국제연합(UN)은 총회를 비롯하여 사무국, 안전보장이사회, 경제사회이사회, 신탁통치이사회, 국제사법재판소로 이루어진다.

1. ㉮~㉲를 읽고 분석하기 위해 사용된 표현에 밑줄을 쳐 보자.

2. ㉮~㉲ 중에서 표현이 잘못 사용된 문장은 무엇인가? 해당 부분을 찾아 표시해 보자.

3. 표현이 잘못 사용된 문장을 바르게 고쳐 써 보자.

4. 〈보기〉의 표현을 한 번씩 모두 사용하여 대상을 분석하는 문장을 써 보자.

보기

A는 ~ 로 이루어져 있다	A는 ~ 로 구성된다
A의 기능/역할은 ~ -는 것이다	A는 ~ -는 기능/역할을 한다

①

컴퓨터의 구성 요소: **입력 장치**, 연산 장치, 제어 장치, 기억 장치, 출력 장치

↓

사람들이 사용하는 자료를 읽어서 0과 1의 이진수 형태로 바꾸어 컴퓨터가 처리를 하게 함

컴퓨터는 입력 장치, 연산 장치, 제어 장치, 기억 장치, 출력 장치로 구성되어 있다.

먼저 입력 장치는 ....

....

②

귀의 구조: **바깥귀(외이)**, 가운데귀(중이), 속귀(내이)

↓

외부의 소리를 모아 소리가 잘 전달되게 하고, 이물질이나 세균이 귀 안으로 들어가지 못하게 함

귀는 바깥귀, 가운데귀, ...

....

....

③

국제연합(UN)의 조직: **총회**, 사무국, 안전보장이사회, 경제사회이사회, 신탁통치이사회, 국제사법재판소

↓ (총회) 국제 평화, 안전 유지, 국제협력 강화 등과 관계된 주요 문제를 토의함

국제연합(UN)은 ....

....

....

연습하기 2

✎ 대상의 기능이나 구조를 설명하는 글을 완성해 보자.

1. 다음은 자동차를 설명하는 글을 쓰기 위한 개요표이다. 이를 위해 '자동자의 구성 요소 및 기능'과 '자동차의 유형'을 글의 내용에 포함하고자 한다. 설명할 대상을 생각하며 개요표를 완성해 보자.

처음	자동차 발전의 역사
중간	**1. 자동차의 구성 요소 및 기능** 가. ① 차대(chassis) : 자동차가 움직이기 위해 필요한 장치의 모음 → · ② 엔진 : 열에너지를 기계에너지로 바꿔서 동력을 발생시킴 · ③ 동력전달장치 : ______________________ · ④ 제동장치 : ______________________ · 서스펜션 : 도로면의 충격이 차나 사람에게 전달되지 않게 충격을 흡수하는 장치 · 조향장치 : 자동차의 진행 방향을 바꾸기 위한 장치 나. 차체(body, frame) : 자동차의 겉 부분과 사람/화물을 싣는 부분 → 엔진실, 승객실, 트렁크 **2. 자동차의 유형** 가. 크기에 따른 분류 : 경차, 소형차, 중형차, 대형차 나. 외형에 따른 분류 : 세단, 리무진, 쿠페, 컨버터블, 해치백, 왜건
끝	요약

2. 표의 내용을 바탕으로 배운 표현을 사용해 문장을 써 보자.

① 차대는 자동차가 주행하기 위해 필요한 필수 장치의 모음으로 엔진, 동력전달 장치, 제동장치,

②

③

④

3. 앞에서 쓴 문장을 활용해 다음 글을 완성해 보자.

(전략) 본론에서는 자동차의 구조 및 기능을 살펴본 뒤, 자동차의 유형에는 어떠한 것들이 있는지 알아보도록 하겠다. 먼저 자동차는 크게 차대와 차체로 구성된다.

서스펜션은 노면의 충격이 차체나 탑승자에게 전달되지 않게 충격을 흡수하는 장치를 말하며, 마지막으로 조향장치는 자동차의 진행 방향을 운전자 임의대로 바꾸기 위한 장치를 일컫는다.

한편 차체는 자동차에서 차대를 제외한 겉 부분과 사람, 화물을 싣는 부분을 말한다. 여기에는 엔진실, 승객실, 트렁크 등이 포함된다. (후략)

4. 완성한 글의 구성과 내용을 다시 점검하고 수정해 보자.

자기평가

자신이 이 장의 내용을 잘 이해했는지, 배운 대로 글을 쓸 수 있게 되었는지 아래의 질문에 답해 보자. '못함'이라는 답이 많다면 처음으로 돌아가서 복습을 해 보자.

- 분석의 방법을 이해했는가?
- 분석의 표현을 사용할 수 있었는가?
- 분석의 방법으로 글을 쓸 수 있었는가?

8

요약

들어가기

'교재의 1장을 요약해서 제출하라'는 과제를 받았다면 어떻게 해야 할까? 요약을 하기 위해서는 중요한 내용을 중심으로 글을 줄여야 한다. 이렇게 글의 내용 중 핵심적인 부분을 간단하게 정리하는 것을 '**요약**'이라고 한다. 이 장에서는 글을 요약하는 방법을 알아보자.

제1장 경영학이란 무엇인가 1

이진규. 『현대경영학』, 제5판. 파주: 법문사, 2013.

요약의 정의

요약은 말이나 글의 핵심 내용을 간략하게 정리하는 것이다. 요약을 한다는 것은 단순히 글의 길이를 줄이는 것이 아니라 정리한 내용을 자신의 말로 표현해 한편의 글로 완성하는 것을 말한다.

요약의 절차

다음은 「맨큐의 경제학」이라는 책의 일부분 (가)와 그에 대한 요약문 (나)이다.

(가)

경제학자들도 다른 과학자들과 마찬가지로 이론과 관찰에 의존하지만 경제학에는 독특한 어려움이 있다. 즉 **경제학**에서는 실험이 매우 어렵거나 불가능한 경우가 있다는 점이다. 물리학에서는 중력현상을 **연구**하기 위해 실험실에서 여러 종류의 물건을 떨어뜨려봄으로써 **자료**를 얻을 수 있다. 이에 반해 **경제학자**들은 단지 인플레이션에 관한 자료를 얻기 위해 한 나라의 통화정책을 마음대로 조절할 수는 없는 것이다. 결국 경제학자들은 천문학자나 생물 진화를 연구하는 학자들처럼 우연히 만들어지는 현상과 **자료**에 의존하여 **연구**할 수밖에 없다.

경제학 연구는 실험실에서 실험할 수 없기 때문에 역사적 경험을 통해 얻는 자료에 크게 의존한다. 중동전쟁이 발발하여 원유 공급이 중단되면 전 세계적으로 석유 가격이 폭등한다. 이렇게 되면 석유나 석유제품을 소비하는 소비자들의 생활수준이 낮아진다. 정책담당자들은 최선의 대응책을 찾기 위한 어려운 선택에 직면한다. 그러나 이런 사건은 경제학자들에게 주요 천연자원 가격의 변화가 세계 경제에 어떤 영향을 미치는지 알아볼 수 있는 좋은 기회를 제공하며, 전쟁이 끝나 원유 가격이 정상적으로 돌아간 이후에도 이 좋은 기회는 상당 기간 지속된다.

N. Gregory Mankiw. 『맨큐의 경제학』, 제6판. 2010. 김경환·김종석 역.
서울: CENGAGE Learning, 2013.

(나)

경제학 연구도 다른 분야에서처럼 이론과 관찰을 통해 이루어진다. 그러나 경제학에서 다루는 문제들은 다른 분야와 달리 실험을 통해 결과를 얻기 어려운 경우가 많다. 그래서 경제학자들은 주로 우연히 만들어지는 현상과 자료를 바탕으로 연구를 한다. 경제학 연구는 실험이 어렵기 때문에 세계의 다양한 사건들이 경제에 미치는 영향을 파악하는 것과 같이 역사적 경험에서 얻는 자료를 통해 연구를 한다.

글을 요약을 위해서는 다음과 같은 **절차**가 필요하다.

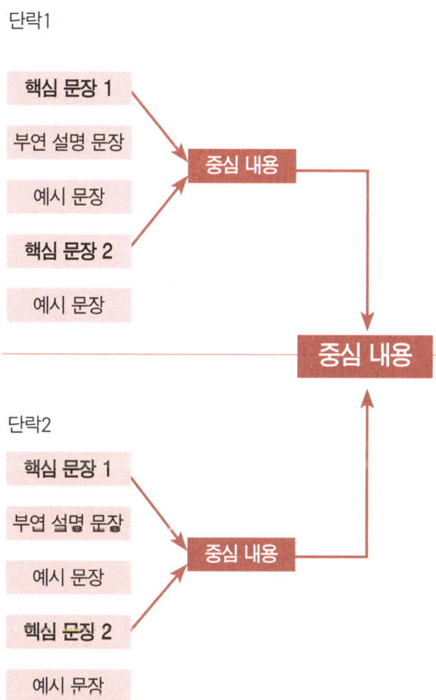

〈1〉 중심 내용을 파악한다.

중심 내용은 글의 핵심 문장을 통해 파악할 수 있다. 핵심 문장은 보통 글이나 단락의 제일 앞이나 마지막에서 찾을 수 있다. 글의 마지막에 올때는 '그러므로, 따라서, 정리하면' 등과 함께 쓰인다.

◇ **'경제학자들도 다른 과학자들과 마찬가지로 이론과 관찰에 의존하지만 경제학에는 독특한 어려움이 있다.'이다.** 이를 통해 이 글의 중심 내용은 **'경제학 연구의 어려움'**이라는 것을 추측할 수 있다.

경제학자들도 다른 과학자들과 마찬가지로 이론과 관찰에 의존하지만 **경제학**에는 독특한 어려움이 있다. 즉 **경제학**에서는 실험이 매우 어렵거나 불가능한 경우가 있다는 점이다. 물리학에서는 중력현상을 **연구**하기 위해 실험실에서 여러 종류의 물건을 떨어뜨려봄으로써 자료를 얻을 수 있다. ……

〈핵심어〉 경제학자, 경제학, 연구

〈2〉 핵심어를 찾는다.

핵심어는 반복적으로 나오는 말인 경우가 많다.

◇ 이 글에서 핵심어는 **'경제학자'**, **'경제학'**, **'연구'** 등이다. 요약을 할 때 핵심어는 다른 표현으로 대체하거나 바꾸면 안 된다.

경제학자들도 [다른 과학자들과 마찬가지로] 이론과 관찰에 의존하지만 경제학에는 독특한 어려움이 있다. 즉 경제학에서는 실험이 매우 어렵거나 불가능한 경우가 있다는 점이다. [물리학에서는 중력현상을 연구하기 위해 실험실에서 여러 종류의 물건을 떨어뜨려봄으로써 자료를 얻을 수 있다. ……]

부연 설명

예시

〈3〉 주요 내용을 중심으로 정리한다.

핵심어와 핵심 문장을 남기고 부가 설명, 예시 등을 삭제하여 주요 내용을 간추린다.

◇ '구체적으로 말해, 예를 들면……' 등과 같은 표현들을 통해서 부연 설명이나 예를 들고 있는 부분을 찾아낼 수 있다.

↓

경제학 연구는 실험실에서 실험할 수 없기 때문에 역사적 경험을 통해 얻는 자료에 크게 의존한다. 〈A〉 중동전쟁이 발발하여 원유 공급이 중단되면 전 세계적으로 석유 가격이 폭등한다. 〈B〉 이렇게 되면 석유나 석유제품을 소비하는 소비자들의 생활수준이 낮아진다. …… 전쟁이 끝나 원유 가격이 정상적으로 돌아간 이후에도 이 좋은 기회는 상당 기간 지속된다.

↓

세계의 다양한 사건들이 **경제에 미치는 영향**을 파악하는 것

〈4〉 적절한 표현으로 바꾼다.

남아있는 어휘들을 상위 개념으로 일반화하거나 자신의 표현으로 바꾼다.

상위어로 일반화하는 것은 '사과, 포도, 오렌지 등을 샀다'를 '과일을 샀다'로 바꾸는 것이다.

◇ 이 글에서는 <A>를 세계의 다양한 사건으로, <B>를 경제에 미치는 영향으로 짧게 요약해 대체했다.

↓

경제학 연구도 다른 분야에서처럼 이론과 관찰을 통해 이루어진다. 그러나 경제학에서 다루는 문제들은 다른 분야와 달리 실험을 통해 결과를 얻기 어려운 경우가 많다. 〈A〉 경제학 연구는 실험이 어렵기 때문에 세계의 다양한 사건들이 경제에 미치는 영향을 파악하는 것과 같이 역사적 경험에서 얻는 자료를 통해 연구를 한다. 〈B〉 이처럼 경제학자들은 주로 우연히 만들어지는 현상과 자료를 바탕으로 연구한다.

〈5〉 문장과 단락의 순서를 알맞게 바꾼다.

정리한 문장과 단락들의 순서가 글의 의도와 목적에 맞는지 생각해 본다. 만약 수정이 필요하다면 목적에 맞게 문장과 단락을 다시 구성한다.

◇ 예를 들어 이 글에서는 <A>와 <B> 문장의 순서를 바꾸어 썼다.

↓

문장 다듬기, 문장 연결하기

↓

형식과 내용을 갖춘 "글"

〈6〉 글의 형식에 맞게 정리한다.

마지막으로 지금까지의 내용을 바탕으로 요약한 글을 자신의 표현으로 다듬는다. 요약문도 하나의 글이기 때문에 완결성이 있어야 한다.

확인하기

다음의 원문 (가)와 요약문 (나)를 비교하며 읽어 보자.

(가)

과학이 낳은 결과는 대개가 새로운 기술을 끌어냄으로써 유용한 방법으로든 파괴적인 방법으로든 인간 사회에 지대한 영향을 미친다. 예를 들어서 여러 해 전에 원자핵의 행동에 관해 물리학자들 사이에 문답이 오갔던 질문들은 단지 자연이 돌아가는 원리에 호기심을 품은 데서부터 시작되었다. 원자핵 지식에서 나온 예상치 못한 결과가 바로 대량 살상 무기인 원자폭탄의 개발이었다. 이와 비슷하게 과학적인 호기심이 유발한 연구, 그러니까 생물의 선천적 특성이 후손에 전해지는 기전에 관한 연구는 유전공학 기술과 함께 윤리적 딜레마를 낳았다. 이 예들은 과학 기술이라는 열매를 맺으면 처음에는 가치로부터 자유로운 것 같던 과학 문제들이 어떻게 순식간에 가치 판단의 문제가 되는지를 명백하게 보여준다. 새로운 기술이 없다 해도 새로운 과학은 때때로 과학의 범위를 벗어난 문화적인 문제에 예측하지 못했던 영향을 미칠 수 있다. 지식을 넓히는 것만으로도 우리가 가치를 생각하는 방식에 영향을 미칠 수 있다.

그레고리 N. 데리. 『그렇다면, 과학이란 무엇인가』. 2002. 김윤택 역. 서울: 에코리브르, 2011.

(나)

과학은 새로운 기술의 소개로 인간 사회에 다양한 영향을 미친다. 특히 과학 기술의 발달은 과학 이외의 다양한 분야로 지식의 범위를 확장하는 것만으로도 우리에게 '가치 판단'을 요구한다. 예를 들어 원자핵이나 유전공학 연구는 처음 의도와 달리 그 결과는 우리에게 윤리적 딜레마를 안겨주었다. 이런 예들은 가치 판단과 관련이 없을 것 같던 문제들이 어느 순간 가치 판단이 필요한 것으로 바뀔 수 있음을 보여준다.

1. 이 글의 핵심 내용은 무엇인가?

2. 이 글의 핵심어와 핵심 문장은 무엇인가?

3. (가)에서 삭제된 부분은 어디인가? 왜 삭제했다고 생각하는가?

연습하기 1

다음 글을 요약하는 연습을 해 보자.

㉮	예절도 시대와 문화에 따라 달라질 수 있습니다. 관혼상제의 예절에 대한 우리의 생각이 과거와 많이 달라졌듯이 의복에 대한 예절도 마찬가지입니다. 예절도 일종의 사회적 합의이기 때문에 사람들의 생각이 바뀌면 예의범절의 방식도 바뀌는 것은 당연합니다. 그러므로 공직자들의 복장에 대한 가치 평가는 사회적 합의 여부에 달려 있다고 하겠습니다. 도성달. 『윤리, 세상을 만나다』. 성남: 한국학중앙연구원출판부, 2013.
㉯	다른 사람의 창작물을 이용할 때는 그 출처와 범위를 밝혀야 한다. 그런데 창작자의 작품이 표절 논란에 휘말렸을 때 패러디나 오마주를 자기 방어의 기제로 사용하는 경우가 있다. 그러나 표절은 패러디나 오마주와는 달리 새로운 창작물이 가지는 독창성을 충분히 살리지 않았기 때문에 문제가 된다. 또한 원작을 아예 그대로 사용하거나 원작에서 빌려온 내용에 대해 제대로 밝히지 않아 표절로 판정을 받게 되는 것이다. 그러므로 다른 사람의 창작물을 이용할 때에는 반드시 이를 밝혀 오해의 소지가 없도록 해야 한다.

1. 각 글의 핵심 문장을 찾아 밑줄을 쳐 보자.

2. 각 글의 핵심어를 찾아 써 보자.

㉮	예절,
㉯	창작물, 표절,

3. 핵심 내용을 중심으로 내용을 정리해 보자.

㉮	· 예절도 시대와 문화에 따라 달라질 수 있다. · ·
㉯	· 표절은 새로운 창작물이 가지는 독창성을 충분히 살리지 않아 문제다. · ·

4. 위의 절차를 통해 완성된 요약문을 읽어 보자.

㉮	의복에 대한 예절도 다른 예절처럼 시대와 문화에 따라 달라질 수 있다. 예절도 사회적 합의 중 하나이므로 그 방식도 바뀔 수 있다. 공직자들의 복장에 대한 가치 평가 역시 사회적 합의에 따라 다르게 적용될 수 있다.
㉯	타인의 창작물을 이용할 때는 그 출처와 범위를 밝혀야 한다. 창작물에 대한 표절 논란이 발생했을 때 패러디나 오마주라는 식의 변명을 하는 경우가 있다. 그러나 표절은 오마주나 패러디와 달리 독창성을 살리지 않아 문제가 된다. 보통 원작의 출처와 범위를 밝히지 않으면 표절로 판정을 받게 되는 것이다. 따라서 다른 사람의 창작물을 이용할 때에는 원작의 출처와 범위를 반드시 밝혀야 한다.

(1) ㉮와 ㉯ 중 요약이 잘 된 것은 무엇인가?

(2) 요약이 더 필요한 부분을 고쳐 보자.

연습하기 2

다음 원문을 요약하는 연습을 해 보자.

문학은 그것을 수용하는 독자들에게 즐거움을 준다. 한 편의 소설을 읽고 그 속에서 재미를 느끼며, 한 편의 시를 통해 즐거움을 느끼기도 한다. 문학이 주는 즐거움은 작품에 따라 다르며, 그것을 읽는 독자에 따라서도 달라질 수 있지만, 문학이 즐거움을 준다는 사실만은 부인할 수 없다. 아름다운 시의 리듬을 통해 마음을 가다듬을 수 있고, 해학이 담긴 소설을 읽으면서 유쾌한 웃음을 지을 수 있다. 또한 복잡한 추리소설이 호기심을 충족시킬 수도 있다. (중략)

그러나 문학이 반드시 즐거움만을 선사하는 것은 아니다. 문학은 그것을 읽는 독자에게 끊임없이 감동을 준다. 문학은 단순히 즐겁다든가, 슬프다든가, 무섭다든가 하는 느낌만을 전달하는 것이 아니라, 무엇인가를 느끼고 생각할 수 있도록 만들어 준다. 문학이 주는 감동이란 독자의 마음속에 어떤 변화를 불러일으킨다는 말이다. 예를 들면, 김소월의 시 「진달래꽃」을 읽고 이별의 슬픔을 느꼈다거나, 심훈의 소설 『상록수』를 읽고 봉사 정신을 키우고자 결심하였다고 말할 수 있는 것이다.

문학은 독자에게 어떤 느낌을 주기도 하고, 무엇인가를 가르쳐 주기도 한다. 문학작품을 읽는 독자는 비록 그 내용이 분명하지는 않지만, 자신의 정신문화를 어느 정도는 감지할 수 있다. 이러한 문학의 영향은 흔히 교화라는 말로 설명되기도 한다. 독자가 문학을 통해 얻어 내는 정신적인 교훈을 생각한다면, 문학은 언제나 교화의 기능을 담당하고 있는 셈이다. 물론, 위대한 사상이나 새로운 지식이 반드시 문학만을 통해서 전달되는 것은 아니다. 철학은 사상을 전달하고, 과학은 새로운 지식을 가르친다. 문학은 철학이나 과학처럼 직접적으로 어떤 지식을 전달하지는 않지만, 풍부한 내용을 통하여 감동적인 교훈을 남겨 준다.

권영민. 『문학의 이해』. 서울: 민음사, 2009.

1. 다음 표를 완성해 보자.

(1) 첫 번째 문단

핵심 내용	문학이 주는 즐거움
핵심어	문학, 독자, 즐거움,
핵심 문장	
불필요한 부분	

(2) 두 번째 문단

핵심 내용	
핵심어	
핵심 문장	
불필요한 부분	

(3) 세 번째 문단

핵심 내용	
핵심어	
핵심 문장	
불필요한 부분	

2. 각 문단의 내용을 요약하는 문장을 써 보자.

(1) 첫 번째 문단

(2) 두 번째 문단

(3) 세 번째 문단

3. 앞에서 정리한 내용을 바탕으로 다음 글을 완성해 보자.

문학은 시, 소설, 희곡처럼 인간의 생각이나 감정을 글로 표현한 작품을 말한다. 인간이 언어를 언제부터 사용했는지 그 기원을 알기 어려운 것처럼, 문학의 기원 역시 그러하다. 인간은 지금까지 수없이 많은 문학 작품을 창조했고 또 공유해 왔다. 문학은 다음과 같이 여러 가지 기능을 가지고 있기 때문이다.

첫째, 문학은 독자들에게 즐거움을 준다.

4. 완성한 글의 구성과 내용을 다시 점검하고 수정해 보자.

자기평가

자신이 이 장의 내용을 잘 이해했는지, 배운 대로 글을 쓸 수 있게 되었는지 아래의 질문에 답해 보자. '못함'이라는 답이 많다면 처음으로 돌아가서 복습을 해 보자.

- 요약의 방법을 이해했는가?
- 절차에 맞게 요약할 수 있었는가?
- 원문을 요약해 글을 완성할 수 있었는가?

9

직접 인용

들어가기

'마케팅과 환경'에 대한 보고서를 쓸 때 마케팅의 정의를 제시하려고 한다. 어떤 개념을 설명할 때에는 권위가 있거나 유명한 학자의 개념을 자료에서 인용할 때가 많다. 이와 같이 자료에서 자신에게 필요한 내용을 가져와 쓰는 것을 인용이라고 한다. 그중 다른 사람이 한 말을 바꾸지 않고 그대로 가지고 오는 것을 **직접 인용**이라고 한다.

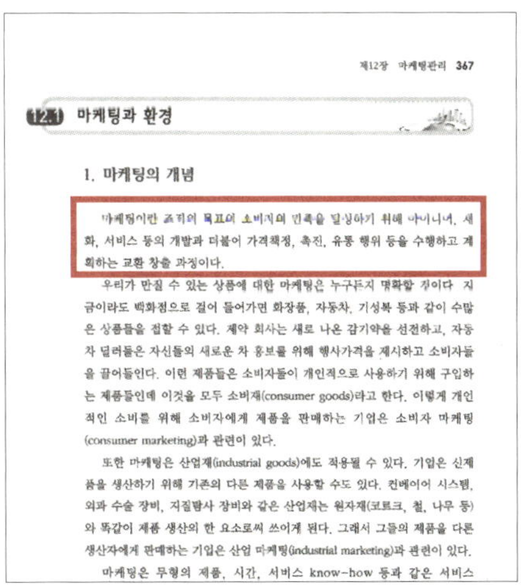

제12장 마케팅관리 367

12.1 마케팅과 환경

1. 마케팅의 개념

마케팅이란 조직의 목표와 소비자의 만족을 달성하기 위해 아이디어, 재화, 서비스 등의 개발과 더불어 가격책정, 촉진, 유통 행위 등을 수행하고 계획하는 교환 창출 과정이다.

우리가 만질 수 있는 상품에 대한 마케팅은 누구든지 명확할 것이다 지금이라도 백화점으로 걸어 들어가면 화장품, 자동차, 기성복 등과 같이 수많은 상품들을 접할 수 있다. 제약 회사는 새로 나온 감기약을 선전하고, 자동차 딜러들은 자신들의 새로운 차 홍보를 위해 행사가격을 제시하고 소비자들을 끌어들인다. 이런 제품들은 소비자들이 개인적으로 사용하기 위해 구입하는 제품들인데 이것을 모두 소비재(consumer goods)라고 한다. 이렇게 개인적인 소비를 위해 소비자에게 제품을 판매하는 기업은 소비자 마케팅(consumer marketing)과 관련이 있다.

또한 마케팅은 산업재(industrial goods)에도 적용될 수 있다. 기업은 신제품을 생산하기 위해 기존의 다른 제품을 사용할 수도 있다. 컨베이어 시스템, 외과 수술 장비, 지질탐사 장비와 같은 산업재는 원자재(코르크, 철, 나무 등)와 똑같이 제품 생산의 한 요소로써 쓰이게 된다. 그래서 그들의 제품을 다른 생산자에게 판매하는 기업은 산업 마케팅(industrial marketing)과 관련이 있다.

마케팅은 무형의 제품, 시간, 서비스 know-how 등과 같은 서비스

직접 인용의 정의

인용은 다른 사람의 말이나 글을 나의 글에 가지고 오는 것이다. **원문의 내용을 그대로** 인용하는 것을 **직접 인용**이라고 한다. 직접 인용은 보통 원문을 훼손하면 안 되거나 원문의 표현을 다른 표현으로 바꾸기 어려운 경우에 사용한다.

직접 인용의 절차

(가)는 『현대경영학』이라는 책의 일부분이고 (나)는 이를 직접 인용하여 쓴 글이다.

(가)

마케팅이란 조직의 목표와 소비자의 만족을 달성하기 위해 아이디어, 재화, 서비스 등의 개발과 더불어 가격책정, 촉진, 유통 행위 등을 수행하고 계획하는 교환 창출 과정이다.

우리가 만질 수 있는 상품에 대한 마케팅은 누구든지 명확할 것이다. 지금이라도 백화점으로 걸어 들어가면 화장품, 자동차, 기성복 등과 같이 수많은 상품들을 접할 수 있다. 제약 회사는 새로 나온 감기약을 선전하고, 자동차 딜러들은 자신들의 새로운 차 홍보를 위해 행사가격을 제시하고 소비자들을 끌어들인다. 이런 제품들은 소비자들이 개인적으로 사용하기 위해 구입하는 제품들인데 이것을 모두 소비재라고 한다. 이렇게 개인적인 소비를 위해 소비자에게 제품을 판매하는 기업은 소비자 마케팅과 관련되어 있다.

이진규. 『현대경영학』, 제6판. 파주: 法文社, 2015. 367쪽.

(나)

기업은 마케팅을 통해 이익을 창출하기 때문에 마케팅을 효과적으로 하는 것은 중요한 일이다. 이진규(2015:367)에서는 마케팅을 "조직의 목표와 소비자의 만족을 달성하기 위해 아이디어, 재화, 서비스 등의 개발과 더불어 가격책정, 촉진, 유통 행위 등을 수행하고 계획하는 교환 창출 과정"이라고 하였다. 이처럼 마케팅은 제품의 개발 단계부터 제품이 소비자에게 이르는 전체 과정을 포함한다.

직접 인용의 **절차**는 다음과 같다.

보고서 주제와 연관된 자료	
자료1	자료2
자료3	자료4 (필요한 내용이 제시되어 있음)

〈1〉 **자료를 읽고 필요한 내용을 파악한다.**

과제의 **주제와 관련된 자료를 읽고 보고서에 필요한 내용을 파악**한다.

◇ 마케팅과 관련된 다양한 자료를 읽고 이 중에서 마케팅의 개념이 설명된 자료를 찾는다.

⬇

〈원문〉

마케팅이란 조직의 목표와 소비자의 만족을 달성하기 위해 아이디어, 재화, 서비스 등의 개발과 더불어 가격책정, 촉진, 유통 행위 등을 수행하고 계획하는 교환 창출 과정이다.

우리가 만질 수 있는 상품에 대한 마케팅은 누구든지 명확할 것이다. 지금이라도 백화점으로 걸어 들어가면 화장품, 자동차, 기성복 등과 같이 수많은 상품들을 접할 수 있다.

〈2〉 **인용할 내용이 직접 인용으로 적합한지 판단한다.**

보통 다음과 같은 경우에 직접 인용을 한다.

- 원문의 내용을 훼손하면 안 될 때
- 원문 이외의 다른 표현으로 바꾸기 어려울 때
- 문학 작품의 일부를 제시할 때

◇ 마케팅을 설명한 부분은 개념에 해당하는 부분으로 원문의 내용을 훼손하지 않는 것이 좋다.

⬇

〈원문〉

마케팅이란 조직의 목표와 소비자의 만족을 달성하기 위해 아이디어, 재화, 서비스 등의 개발과 더불어 가격책정, 촉진, 유통 행위 등을 수행하고 계획하는 교환 창출 과정이다.

〈3〉 **인용할 부분을 결정한다.**

원문의 내용 중 **어디부터 어디까지를 인용할 것인지 결정**한다.

◇ 원문에서 마케팅의 개념에 해당하는 부분을 중심으로 인용 부분을 결정한다.

⬇

저자 / 출판 연도와 책의 쪽수

직접 인용 시작 표시

이진규 (2015:367)에서는 마케팅을 "조직의 목표와 소비자의만족을 달성하기 위해 아이디어, 재화, 서비스 등의 개발과 더불어 가격책정, 촉진, 유통 행위 등을 수행하고 계획하는 교환 창출 과정" 이라고 하였다.

직접 인용 끝 표시

〈4〉 직접 인용 표현을 사용하여 인용한다.

인용할 내용을 **큰따옴표(" ")** 안에 넣는다. 직접 인용할 내용이 많을 경우 **별도의 인용 단락**을 만들 수도 있다. 인용을 할 때에는 출처를 밝힌다.

◇ '이진규(2015:367)에서는'과 같이 출처를 밝힌다.

↓

〈참고문헌〉

저자명

이진규. 『현대경영학』, 제6판. 파주: 法文社, 2015.

출판 연도 / 책제목 / 출판지 / 출판사

〈5〉 인용한 자료는 〈참고문헌〉 목록으로 정리한다.

〈참고문헌〉 목록은 보고서 마지막 부분에 정리한다. 이때 들어가야 할 정보에는 저자명, 책 제목, 출판지, 출판사, 출판 연도가 있다.

직접 인용 표현

인용의 표현을 알아 보자.

표현	
· A는 ~ · A에서는 ~	· "　" 라고 하였다 · "　"라고 보았다 · "　"라고 정의하였다
· A에 따르면 / 의하면 ~	· "　"이다. / "　"라고 한다.

확인하기

직접 인용의 방법으로 쓴 글을 읽어보자.

학습습관은 학업 성취에 영향을 준다는 점에서 교육 분야의 지속적인 연구 대상이 되어 왔다. 박경숙 외(1976:91)에서는 학습습관을 "학습할 때 취하는 일관된 행동양식"이라고 하였다. 또한 김억환 외(1992:95)에서는 다음과 같이 학습습관의 정의와 함께 하위 변인을 제시하고 있다.

> 학습습관이란 학습활동을 반복함으로써 그것이 점차 고정되어 의식하지 않아도 언제나 같은 형태로 반응하게 되는 학습태도를 의미하며, 하위변인은 기술요인, 여가요인, 적응성, 목표지향성, 학구적 규범수용성, 과제지향성, 학습관심도, 자율학습태도, 예습시간에 대한 태도변화, 학습태도 등이다.

즉 학습습관은 일관성 있게 나타난다는 특징이 있으며 여러 변인의 영향을 받는다는 것을 알 수 있다. (후략)

〈참고문헌〉

김억환 외. 「학업 성취와 자아개념 변인, 불안 변인, 학습습관 변인, 성취동기 변인, 인성 변인에 대한 종합 분석」. 『논문집』 16(1992):93-122.

박경숙 외. 『학업에 대한 자아개념·태도·학습습관 검사 개발에 관한 연구』. 한국교육개발원, 1976.

1. 인용된 자료는 무엇인가?

2. 인용된 부분을 찾아서 밑줄을 쳐 보자.

3. 인용을 위해 사용한 표현은 무엇인가?

연습하기 1

참고 자료를 읽고 인용할 부분을 찾아보자.

역사가는 사실의 잠정적 선택과 잠정적 해석으로-그것이 타인에 의한 것이든 자의에 의한 것이든-일을 시작하는 것이다. 일이 진척됨에 따라 해석도, 사실의 선택과 정리도, 그 상호작용을 통하여 거의 무의식적인 미묘한 변화를 일으키게 된다. 역사가는 현재의 일부이고, 사실은 과거에 속하므로, 이 상호작용은 또한 현재와 과거의 상호관계를 포함하고 있다. 역사가와 역사상의 사실은 서로가 필요한 것이다. 사실을 소유하지 못한 역사가는 뿌리도 없고 열매도 맺지 않는다. 역사가가 없는 사실은 생명도 없고 의미도 없다.

여기서 '역사란 무엇인가?'라는 질문에 대한 내 첫 대답을 하겠다.

"역사란 역사가와 사실 사이의 부단한 상호작용의 과정이며, 현재와 과거의 끊임없는 대화이다."

에드워드 H. 카. 『역사란 무엇인가』. 1961. 이화승 역. 서울: 베이직북스, 2009. 45쪽.

1. '역사를 왜 배워야 하는가'에 대한 보고서를 쓰려고 한다. 역사의 개념을 설명하기 위해 인용할 부분에 밑줄을 쳐 보자.

2. 밑줄 친 부분이 직접 인용을 하기에 적절한지를 생각해 보고 그 이유를 설명해 보자.

3. 다음과 같이 밑줄 친 부분을 넣어 직접 인용을 완성해 보자.

인류는 오랜 세월에 걸쳐 역사 교육을 해 왔다. 그것은 역사를 안다는 것이 중요한 의미를 지니고 있기 때문일 것이다.

이는 다시 말해 역사는 단지 과거의 사실이 아니라 우리가 사는 지금 이 순간과 서로 영향을 주고받는 대상이라는 것이다.

✎ 자료를 인용할 때 사용할 수 있는 표현을 연습해 보자.

1. ㉮-㉰는 아래 자료의 밑줄 친 부분을 인용한 것이다. 인용이 잘된 예와 잘못된 예에 대해 이야기해 보자.

시간과 공간에 대한 인간의 근시안적 사고방식이 환경오염의 또다른 원인이 되고 있다. 우리의 대부분은 현재 및 현재와 관련된 가까운 미래에만 관심이 있을 뿐 인류의 장래와 자연환경에 대해서는 그다지 큰 관심이 없다. 이것은 근시안적 사고방식을 대변하는 인류의 보편적인 속성이다. 또한 우리는 공간에 대해서도 근시안적 사고방식을 가지고 있다. 우리의 관심사는 우리의 가정, 사무실 등 좁은 공간 범위에 집중되어 있고, 국가, 세계 등의 보다 넓은 공간에 대해서는 그다지 큰 관심이 없다.

김희강 외. 『인간과 환경』, 제4판. 파주: 동화기술, 2008.

㉮	김희강 외(2008:24-25)에서는 시간과 공간에 대한 인간의 근시안적 사고방식이 환경오염의 또다른 원인이 되고 있다고 보았다.
㉯	인간의 근시안적인 사고방식은 환경오염의 또다른 원인이 되고 있다.
㉰	김희강 외(2008)에서는 "시간과 공간에 대한 인간의 근시안적 사고방식이 환경오염의 또다른 원인이 되고 있다."라고 하였다.

(1) 직접 인용이 잘되어 있는 것은 무엇인가? 그렇게 생각한 이유는 무엇인가?

(2) 직접 인용이 잘못되어 있는 것은 무엇인가? 그렇게 생각한 이유는 무엇인가?

2. 자료를 읽고 직접 인용하는 연습을 해 보자. 인용할 부분에 밑줄을 긋고 〈보기〉의 표현을 사용하여 문단을 완성해 보자.

보기

· A는 ~ · A에서는 ~	· " "라고 하였다 · " "라고 보았다 · " "라고 정의하였다
· A에 따르면/의하면 ~	· " "이다. / " "라고 한다.

①

윤리에는 적극적인 면과 소극적인 면, 두 가지 측면이 있습니다. 소극적 윤리는 남에게 피해를 주지 말라는 것이고, 적극적 윤리는 다른 사람을 도와 주라는 것입니다. 소극적 윤리에서 보면 도덕은 법과 같은 것으로 위반하면 악행이 됩니다. 적극적 윤리는 선행의 의무를 규정하고 있습니다. 선행은 자신의 생명이나 전 재산을 바치는 것과 같은 '의무를 넘어선 의무'도 있고 반드시 실행해야만 하는 '윤리적 의무'도 있습니다.

도성달. 『윤리, 세상을 만나다』. 성남: 한국학중앙연구원출판부, 2013. 48쪽.

윤리라는 것을 하나의 의미로 규정하기는 어렵다.

②

> 한국 전통 건축에서 돌의 매력은 비정형성에 있다. 한국 전통 건축에서 돌은 인공적 가공을 억제하면서 가능한 한 자연에서 캐낼 때의 상태 그대로 쓰인다. 가공이 필요할 경우에는 쌓기를 불규칙적으로 하며 쌓기마저 규칙적으로 해야 되는 경우에는 돌의 모양과 쌓는 방법을 다양화하여 변화를 주었다.
>
> 임석재.『우리 옛 건축과 서양 건축의 만남』. 서울: 대원사, 2000. 93쪽.

한국의 전통 건축에서는 돌을 자주 볼 수 있는데 돌은 건축에 있어 다양한 매력을 가지고 있다. 임석재(2000:93)는

연습하기 2

✎ 자료를 직접 인용하여 글을 완성해 보자.

1. 다음은 '**대중매체가 대중문화에 미치는 영향**'이란 제목으로 글을 쓰기 위한 개요이다. 자료를 읽고 다음 개요를 완성해 보자.

처음	대중매체를 통한 대중문화의 영향력이 매우 큼
중간	1. 대중문화의 개념 ① ________________ (참고 자료1 활용) 2. 대중매체가 대중문화에 미치는 영향 (1) 긍정적 영향 : 문화 창조 (2) 부정적 영향 : ② ________________ (참고 자료2 활용)
끝	요약

〈참고 자료 1〉

대중문화는 대중을 대상으로 생산되고 유통되는 문화, 예술, 즉 대중들이 누리는 문화와 예술을 지칭한다. 소박한 의미로는 많은 사람들이 폭넓게 좋아하는 문화로, 경우에 따라서는 고급문화가 아닌 문화로 이해되기도 한다. 대중문화는 영어로는 popular culture, mass culture 또는 mass mediated culture로 불리며, 대중예술(mass art, popular art)과 같은 의미로 쓰이기도 한다.

김국태 외. 『대중문화와 문화기획』. 서울: 글누림, 2005. 14쪽.

〈참고 자료 2〉

(1) 대중문화의 문화적 획일화: 오늘날 대중문화는 곧 대중매체 문화다. 시장논리의 지배를 받는 대중매체 문화는 문화적 다양성을 허용하지 않는다. 물론 세분화와 차별성에 따른 다양성은 존재하겠지만, 그건 어디까지나 '형식의 다양성'일 뿐 '내용의 다양성'은 아니다.

(2) 다국적 문화의 범람과 문화종속: 오늘날 대중문화에 국적은 존재하지 않는다. 국적을 따지는 것도 무의미하다. 그러나 대중문화의 '출생지'는 분명 서구 사회, 특히 미국이다. 대중문화는 미국적 가치관과 세계관을 담고 있으며, 이는 경제와 밀접한 관련을 맺고 있다. 새뮤얼 헌팅턴(Samuel Huntington)이 『문명충돌론』에서 눈부신 경제개발을 이룬 개발도상 국가들이 그로 인한 자긍심을 자국 문화의 복원으로 연결시키고 있다는 걸 지적하면서 '문화종속론'을 부정한 건 분명 일리가 있지만, 문제는 그렇게 간단하지 않다. 중요한 것은 일상적 경제행위가 이루어지는 생활 문화이기 때문이다.

강준만. 『대중매체 이론과 사상』. 서울: 개마고원, 2001. 24-25쪽.

2. 인용하고 싶은 부분에 밑줄을 쳐 보자.

3. 인용할 부분을 문장으로 써 보자.

① 김국태 외(2005:14)에서는

②

4. 앞에서 쓴 문장을 활용해 다음 글을 완성해 보자.

대중문화는 영화, 드라마, 대중가요, 패션, 광고 등 여러 영역을 포괄한다. 대중문화를 한 마디로 정의하기는 어렵지만 김국태 외(2005:14)에서는

이것은 대중문화가 대중성을 지니며, 문화와 예술을 아우르는 폭넓은 개념임을 의미한다. 이러한 대중문화는 대중매체를 통해 생산, 유통, 소비된다.

대중매체가 대중문화에 미치는 영향은 다음과 같다. 먼저 긍정적인 영향으로는 새로운 문화를 창조한다는 것이다. (중략)

부정적인 영향으로는

5. 완성한 글의 구성과 내용을 다시 점검하고 수정해 보자.

자기평가

자신이 이 장의 내용을 잘 이해했는지, 배운 대로 글을 쓸 수 있게 되었는지 아래의 질문에 답해 보자. '못함'이라는 답이 많다면 처음으로 돌아가서 복습을 해 보자.

- 직접 인용의 방법을 이해했는가?
- 직접 인용의 표현을 사용할 수 있었는가?
- 직접 인용의 방법으로 글을 쓸 수 있었는가?

10
간접 인용

들어가기

‘지구온난화의 문제와 해결 방안’에 대한 글을 쓸 때에는 자신의 관점이 잘 드러나야 한다. 관점을 잘 드러내기 위해서는 이를 뒷받침할 수 있는 여러 참고자료들을 인용할 수 있다. 이때 인용할 내용을 자신의 말로 바꾸어 쓰는 것을 **간접 인용**이라고 한다.

간접 인용의 정의

직접 인용이 원문의 내용을 그대로 인용하는 방법이라면 **간접 인용**은 **원문의 내용을 자신의 말로 바꾸어 인용**하는 방법이다. 간접 인용을 할 때에는 원문의 내용이나 뜻이 잘못 전달되지 않도록 해야 한다.

간접 인용의 절차

(가)는 『인간과 동물』이라는 책의 일부분이고 (나)는 이를 간접 인용하여 쓴 글이다.

(가)

미국에서 반려동물의 사육이유를 조사한 결과에 의하면 생활의 동반자(71%), 사랑과 애정의 대상(53%), 취미생활(39%), 경비 및 보호용(36%) 등의 목적 순으로 다양한 혜택을 인간에게 제공하고 있음을 알 수 있다. 특히 여러 애완동물 중 애견의 사육이 이러한 다양한 요구를 가장 잘 충족시키는 것으로 집계되었다.

반려동물의 가장 큰 장점은 그들의 대체성과 지속성에 있다고 할 수 있다. 반려동물은 결혼을 해서 주인을 쓸쓸히 혼자 남겨두거나 혹은 새로운 주인을 섬기거나 하는 일이 없기 때문에 그들이 죽음에 이르기 전까지는 언제나 충성스럽게 주인을 섬길 것이다. 이러한 애완동물에 대한 소유감은 인간의 신체적, 정신적 영역에 긍정적 영향을 줄뿐 아니라, 인간의 사회성에도 큰 영향을 미치는 것으로 알려져 있다.

미국의 500대 기업인들 중에서 95%의 기업인이 강아지나 고양이를 키워본 경험이 있으며 75% 기업인이 현재도 키우고 있다고 한다. 이러한 수치는 1983년 당시 전국 가구 수의 반려동물 보유평균인 53%보다 훨씬 높은 수치이며 이러한 반려동물을 통한 경험이 그들을 성공으로 이끄는 필수적 요소였던 열정, 감정, 훈련 그리고 책임감 같은 특성을 개발하는 데에 크게 기여하였다.

김옥진. 『인간과 동물의 유대』. 서울: 동일출판사, 2011.

(나)

사람과 더불어 살아가는 동물인 반려동물은 우리 삶에 많은 영향을 끼친다. 김옥진(2011:222)에서는 애완동물에 대한 소유감은 인간의 삶에 신체적, 정신적 영역에서 도움을 주며 사회성에도 긍정적으로 작용한다고 하였다. 즉 인간과 함께 생활하며 교감하기 때문에 인간의 삶 전반에 영향을 주게 된다는 것이다.

반려동물과 함께 하는 사람들은 동물들을 더 이상 애완동물이 아닌 정서적으로 교감하고 의지를 하는 반려의 대상으로 여긴다.

간접 인용의 **절차**는 다음과 같다.

보고서 주제와 연관된 자료	
자료1	자료2
자료3	자료4 (필요한 내용이 제시되어 있음)

〈1〉 자료를 읽고 자신에게 필요한 내용을 파악한다.

과제의 주제와 관련된 **자료를 읽고** 보고서에 **필요한 내용을 파악**한다.

◇ 반려동물의 특징이 잘 드러난 자료를 찾아 인용할 부분을 확인한다.

↓

〈원문〉

반려동물의 가장 큰 장점은 그들의 대체성과 지속성에 있다고 할 수 있다. 반려동물은 결혼을 해서 주인을 쓸쓸히 혼자 남겨두거나 혹은 새로운 주인을 섬기거나 하는 일이 없기 때문에 그들이 죽음에 이르기 전까지는 언제나 충성스럽게 주인을 섬길 것이다. 이러한 애완동물에 대한 소유감은 인간의 신체적, 정신적 영역에 긍정적 영향을 줄뿐 아니라, 인간의 사회성에도 큰 영 향을 미치는 것으로 알려져 있다.

〈2〉 인용 방법을 결정한다.

직접 인용을 할 것인지, 간접 인용을 할 것인지 인용 방법을 결정한다.

보통 다음과 같은 경우에 간접 인용을 한다.

- 긴 내용을 요약해서 인용하려고 할 때
- 원문의 내용을 자신의 말로 바꾸어 표현하려고 할 때

◇ 자신의 말로 바꾸어 표현할 예정이므로 밑줄 친 부분을 간접 인용하기로 한다.

↓

〈원문〉

이러한 애완동물에 대한 소유감은 인간의 신체적, 정신적 영역에 긍정적 영향을 줄 뿐만 아니라, 인간의 사회성에도 큰 영향을 미치는 것으로 알려져 있다.

↓

반려동물과의 교감은 인간의 삶에 신체적, 정신적 영역에서 도움을 주며 사회성에도 긍정적으로 작용한다.

〈3〉 인용할 부분을 자신의 표현으로 바꾸어 쓴다.

간접 인용을 할 때에는 원문의 핵심 내용과 뜻이 유지되도록 해야 한다. 이때 핵심어 또는 개념어는 다른 표현으로 바꿔 쓰지 않는다.

◇ '신체적 영역', '정신적 영역', '사회성'과 같은 단어는 핵심어이므로 바꾸지 않았다.

↓

저자　출판 연도와 책의 쪽수

김옥진 (2011:222) 에서는 반려동물과의 교감은 인간의 삶에 신체적, 정신적 영역에서 도움을 주며 사회성에도 긍정적으로 작용한다고 하였다.

간접 인용 표시

〈4〉 간접 인용 표현을 사용하여 인용한다.

적절한 인용 표현과 함께 출처를 밝힌다.

◇ '김옥진(2011:222)에서는'과 같이 인용 표현을 사용한다. 이때 독자들이 원문을 쉽게 찾을 수 있도록 출처를 밝힌다.

⬇

책제목　출판지

〈참고문헌〉

저자명　김옥진. 『인간과 동물의 유대』. 서울: 동일출판사, 2011.

출판사　출판 연도

〈5〉 인용한 자료는 〈참고문헌〉 목록으로 정리한다.

〈참고문헌〉 목록은 보고서 마지막 부분에 정리한다. 이때 들어가야 할 정보는 저자명, 책 제목, 출판지, 출판사, 출판 연도 등이 있다.

간접 인용 표현

인용의 표현을 알아보자.

표현	
· A는 ~ · A에서는 ~	· -다고 하였다 · -다고 밝히고 있다 · -다고 지적하고 있다
· A에 따르면 / 의하면 ~	· -다 / -다고 한다

확인하기

(가)는 『예술, 인문학과 통하다』라는 책의 일부분이고, (나)는 이를 간접 인용하여 쓴 글이다.

(가)

한편, 우리가 예술 작품을 해석의 대상으로 파악할 때 생길 수 있는 가장 큰 문제점은 '과연 누가 해석할 것인가?'라는 물음에 명쾌한 해답을 제시하기 어렵다는 점이다. 그러니까 특정 분야의 전문적 지식을 지닌 소위 전문가들로만 한정한다면, 이것은 또 다른 문제를 야기할 수가 있다. 즉 예술의 영역을 극소수의 전문가들만이 독점해버리는 현상이 초래될 수 있는 것이다. 이것은 바로 예술의 권력화, 예술의 이데올로기화 현상과 연결된다.

예컨대 새롭게 개봉된 영화를 접하는 관객들은 소위 영화 평론가라 일컬어지는 이들의 평가를 좇아 자신들이 관람할 영화를 선택하게 되고, 또한 영화 감상의 틀조차도 그들이 제안한 방식을 그대로 따르고자 한다. 언론은 그런 현상들을 통해서 빚어진 관객 동원율을 근거로 성공한 영화와 실패한 영화를 구분하기에 이른다. 문제는 이런 상황에서 영화 평론가들이 영화라는 예술 장르에서 중심 권력으로 부상하고 있다는 점이다.

신웅철. 『예술, 인문학과 통하다』. 서울: 웅진지식하우스, 2015. 125쪽.

(나)

예술 작품에 대한 해석을 어렵다고 생각하는 사람들이 많을 것이다. 그렇다면 예술 작품을 해석하는 것은 특정한 사람이 하는 것인가?

신웅철(2008:125)에서는 예술 작품을 해석하는 주체가 누구인가에 대한 답은 쉽지 않으며 전문적 지식을 갖춘 전문가만이 할 수 있는 일이라고 볼 때 예술은 권력화로 이어질 수 있다고 하였다. 이러한 문제는 영화 해석에서도 살펴볼 수 있는데 관객들이 영화평론가의 평가를 따르게 되면서 영화평론가들의 권력이 커지는 것을 문제라고 지적하였다. 이러한 견해는 예술 작품의 해석이 더 이상 전문가의 견해에서 출발하는 것이 아니라 자신의 시각으로부터 시작되어야 함을 보여준다.

1. (나)에서 인용된 부분은 어디인가?

2. 인용을 위해 사용한 표현에 밑줄을 쳐 보자.

3. (가)의 내용이 (나)에서 어떻게 바뀌어 있는가?

연습하기 1

✎ 참고 자료를 읽고 인용할 부분을 찾아보자.

사회화는 개인이 사회적으로 유형화된 행위양식을 습득하는 것으로서 가치, 규범, 태도, 언어 등 사회생활에 필요한 여러 가지 지식과 행위양식을 학습하는 과정을 말한다. 결과적으로 개인은 사회화를 통해 자아의식을 갖게 되며 개인에게 독특한 사고, 감정, 행위의 유형이라고 말할 수 있는 인성을 형성한다. 또한 인간은 상징과 의미의 습득을 통하여 상호작용하면서 사고능력을 형성하는 존재이기도 하다.

이와 같은 사회화는 다른 사회성원들과의 상호작용을 통해서만 가능하다. 인간은 거울을 보고 자신의 외양을 알 수 있듯이, 타자들의 반응을 통해서 자신의 모습이 다른 사람들에게 어떻게 비치는지를 알 수 있다. 그런 의미에서 쿨리(C. H. Cooley)는 경상자아(鏡像自我, looking-glass self)라는 개념을 만들어 내기도 하였다. 1800년에 프랑스의 어느 시골 숲에서 발견된 아베롱의 야생아, 1920년에 인도의 정글에서 발견된 늑대소년 카말라와 아말라, 1932년에 태어나 밀폐된 방에서 약 7년을 보낸 이사벨, 개와 5년 동안 같이 살다가 1991년 8세 때 발견된 우크라이나의 옥사나 말라야와 같은 고립아들은 어릴 때부터 오랜 시간 인간세계와 격리된 후, 사람들에 의해 발견되어 인간세계로 돌아와 적응하기 위해 많은 노력을 했지만 잘 적응하지 못했거나 조기 사망한 것으로 보고되고 있다. 그만큼 인간의 삶이란 인간사회와 격리되어서는 정상적인 발달이 어려운 것으로 오로지 인간들과의 상호작용을 함으로써 가능한 것이라 하겠다.

사회화는 유년기의 아동기에만 일어나는 것이 아니라, 성인기에도 끊임없이 일어나는 것으로 평생의 과정이라고 할 수 있다. 특히 현대사회와 같이 사회변동의 속도가 빠르고 다양한 외래문화와의 접촉과 교류 및 새로운 문화요소들의 혁신이 빈번히 일어나고 있는 사회에서는 성인기의 사회화도 유년기나 아동기의 사회화 못지않게 중요하다.

이철우. 『新사회학초대』, 제4판. 서울: 학지사, 2015. 159-160쪽.

1. '사회와의 개념과 중요성'에 대한 보고서를 쓰려고 한다. 사회화의 개념과 중요성을 설명하기 위해 인용할 부분에 밑줄을 쳐 보자.

2. 밑줄 친 부분을 인용할 때 간접 인용과 직접 인용 중 어떤 방법이 적절한지 생각해 보자.

✏ 자료를 인용할 때 글을 쓸 때 사용할 수 있는 표현을 연습해 보자.

1. ㉮-㉰는 아래 자료의 밑줄 친 부분을 인용한 것이다. 인용이 잘된 예와 잘못된 예에 대해 이야기해 보자.

> 동양인들은 자신들이 속한 내집단에 대해서는 강한 애정을 보이지만, 외집단이나 그저 아는 사이인 사람들에게는 상당한 거리를 둔다. 그들은 자신이 내집단의 다른 구성원들과 매우 유사하다고 느끼고, 그들을 외집단 구성원보다 훨씬 더 신뢰한다.
>
> 리처드 니스벳. 『생각의 지도』. 2003. 최인철 역. 파주: 김영사, 2004. 55쪽.

㉮	니스벳(2004:55)에 따르면 동양인들은 자신이 속한 내집단에 대해서는 강한 애정을 보이지만, 외집단이나 그저 아는 사이인 사람들에게는 상당한 거리를 둔다.
㉯	니스벳(2004:55)에 의하면 동양인들은 내집단을 중요시하며 애정은 갖지만 그렇지 않은 경우에는 멀리하는 경향이 있다.
㉰	니스벳(2004:55)는 동양인들은 자신이 소속된 집단에 대해서는 강한 애정을 보이는 반면, 외집단 또는 그저 아는 사이에서는 거리를 유지한다.

(1) 간접 인용이 잘되어 있는 것은 무엇인가? 그렇게 생각한 이유는 무엇인가?

(2) 간접 인용이 잘못되어 있는 것은 무엇인가? 그렇게 생각한 이유는 무엇인가?

2. 자료를 읽고 간접 인용하는 연습을 해 보자. 인용할 부분에 밑줄을 긋고 〈보기〉의 표현을 사용하여 문단을 완성해 보자

보기

· A는 ~ · A에서는 ~	· -다고 하였다 · -다고 밝히고 있다 · -다고 지적하고 있다
· A에 따르면 / 의하면 ~	· -다 / -다고 한다

①

미래에는 대도시들이 네트워크해서 국가보다 더 강력해진다는 예측이 있다. 국가라는 개념은 너무 거대하고 유연성이 없어서 권력을 행사하고 국민을 통제한다는 느낌이 강하다. 반면에 도시는 자신이 소속되어 있고, 참여한다는 느낌이 강하다. 따라서 사람들은 국가보다 도시의 장래가 자신에게 중요하다고 생각한다.

박영숙 외. 『유엔미래보고서 2040』. 파주: 교보문고, 2013. 172쪽.

미래의 도시는 지금보다 힘이 커질 것이다. 박영숙 외(2013:172)에 따르면

②

오늘날 과학 지식은 전문가만의 소유가 아니라 누구나 쉽게 접할 수 있는 대중적인 것이 되어 가고 있다. 대부분의 사람들은 디지털 알람 소리에 눈을 뜨고, 핸드폰에 mp3, 디지털카메라를 사용하며, 이름도 복잡한 PMP에 UCC로 자료를 교환하고, 인터넷에서 자료를 다운로드 하고 전자메일 확인하면서 하루를 보낸다. 또한 극장에서 컴퓨터 그래픽으로 제작된 영화의 매머드 영상에 감동받는다. 그리고 재활의학과 신약 개발을 위해 신경전달 물질에 대한 첨단의 과학 기술이 동원되는 것이 현실이다.

최종덕·김시천 편. 『철학으로 과학하라』. 파주: 웅진지식하우스, 2008. 7-8쪽.

과학 지식은 더 이상 전문가의 전유물이 아니다. 최종덕·김시천(2008:7-8)에서는

3. 자료의 내용을 요약하여 간접 인용을 해 보자.

민주주의의 본래적 가치에는 자율성으로서 자유, 평등, 인간성의 완성 등이 포함된다. 첫째, 민주주의는 우리의 삶의 방식과 내용을 우리 스스로가 판단하고 결정하는 원리로서, 자기 자신의 삶의 방식 뿐만 아니라 공동체의 결정 역시 공동체 구성원들이 스스로 집단적으로 의사를 결정하는 자치를 통해 운영하는 것이 올바르다고 주장하며, 개인적, 집단적 자율성을 최대한 존중하기 때문에 민주주의는 정당화된다.

둘째, 민주주의는 평등이라는 이상을 실현하고 있기 때문에 민주주의를 지지한다는 입장이다. 평등은 인간이라는 이유만으로 모든 인간의 존엄성과 발언권을 동등하게 존중해주는 것을 의미하며 나와 집단의 구성원들의 동등성을

존중해 주기 때문에 민주주의는 정당화될 수 있다는 것이다.

셋째, 민주주의 원리는 인간의 도덕성 완성의 실현을 의미하기 때문에 지지하는 입장이다. 인간은 정치적 동물로서 공동체의 의사결정에 참여하는 공적 행위를 통해 인간 존재로서 가진 도덕적 잠재력을 완성시며 나갈 수 있다는 것이다.

심승우. 『정치학: 인간과 사회 그리고 정치』. 서울: 박영사, 2015. 82쪽.

민주주의는 여러 면에서 중요한 가치를 지닌다. 심승우(2015:82)에서는

연습하기 2

✎ 자료를 간접 인용하여 글을 완성해 보자.

1. 다음은 '**지구온난화 문제와 해결 방안**'이란 제목으로 글을 쓰기 위한 개요이다. 자료를 읽고 다음 개요를 완성해 보자.

처음	지구온난화가 가속화되고 있음
중간	1. 지구온난화의 원인 2. 지구온난화의 문제 (1) 해수면 상승 (2) ① ______________________ <참고 자료1 활용) (3) ② ______________________ <참고 자료2 활용) 3. 지구온난화의 해결 방안 (1) 개인적 차원 (2) 사회적 차원
끝	요약

〈참고 자료 1〉

식물이나 산림에 대한 영향 이외에도 지구온난화에 따른 기온의 변화는 동물에 있어서도 심각한 종의 변화를 일으킬 수 있다. 즉 온도에 대해 민감하게 반응하는 내성 범위가 작은 동물은 그 개체수가 크게 감소될 것이고, 이는 이들이 담당하고 있는 생태계에서의 역할을 수행하지 못함으로써 생태계의 균형을 깨뜨리는 결과를 초래하여 종 다양성 감소로 이어질 수 있다. 일반적으로 해충의 경우 환경에 대한 적응력이 상대적으로 익충에 비하여 크므로 해충의 증가를 초래할 우려가 있다. 이는 인간에게 있어서도 보건위생과 관련하여 중요한 의미가 있다.

오종민 외. 『인간과 환경』. 서울: 형설출판사, 2004. 405-406쪽.

〈참고 자료 2〉

이것은 지금까지 경험하지 못한 지구 기후변화를 초래하고 있어, 인간 건강에 큰 영향을 줄 가능성이 있다. 지구 기후변화가 인간 건강에 미칠 여러 가지 영향으로는 이상고온의 열스트레스heat stress에 의한 직접피해와 또 다른 간접피해가 있다. 간접피해로서는 기후대의 이동에 의한 농업대·식생대의 이동과 그것에 동반하는 감염병 매개생물이나 병원균 분포의 변화, 그리고 꽃가루 발생시기나 발생량의 변화에 의한 여러 가지 질병발생이 있다. 또 온도상승으로 광화학 스모그의 심화에 의한 건강피해의 다발도 예상된다.

박헌렬. 『지구온난화, 그 영향과 예방』. 서울: 우용출판사, 2003. 195쪽.

2. 인용하고 싶은 부분에 밑줄을 쳐 보자.

3. 인용할 부분을 문장으로 써 보자.

① 오종민 외(2004:405-406)에 따르면

②

4. 앞에서 정리한 내용을 바탕으로 글의 중간 부분을 완성해 보자.

(전략) 지구온난화는 여러 측면에서 문제가 되고 있다. 첫째, 지구온난화는 해수면 상승을 야기해 국토 면적을 줄어들게 한다. 기온이 상승하면 빙하가 녹아 바다로 흘러 들어가고 이로 인해 해수면이 상승하게 된다. 또한 해수면의 상승으로 연안 지역이 침수되면 결과적으로 국토 면적이 감소하게 된다.

5. 완성한 글의 구성과 내용을 다시 점검하고 수정해 보자.

자기평가

자신이 이 장의 내용을 잘 이해했는지, 배운 대로 글을 쓸 수 있게 되었는지 아래의 질문에 답해 보자. '못함'이라는 답이 많다면 처음으로 돌아가서 복습을 해 보자.

- 간접 인용의 방법을 이해했는가?
- 간접 인용의 표현을 사용할 수 있었는가?
- 간접 인용의 방법으로 글을 쓸 수 있었는가?

부록

보고서 쓰기의 실제

보고서의 구조

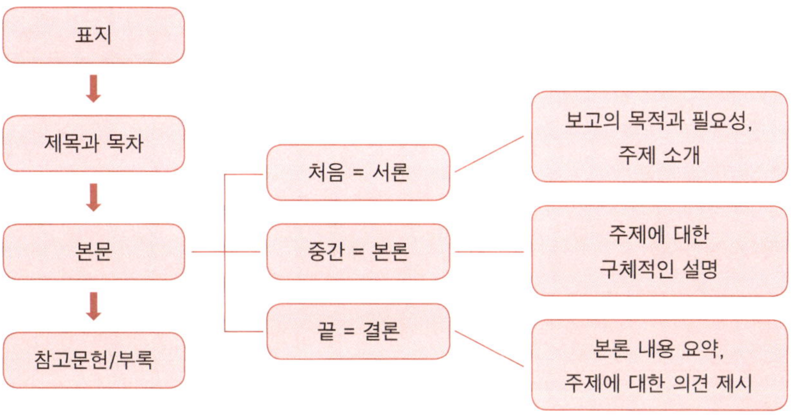

보고서 쓰기의 절차

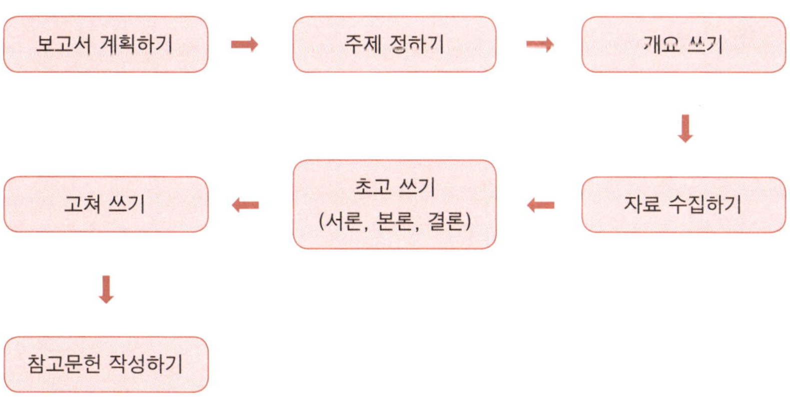

보고서 계획하기

1. 과제 파악하기

과제란?	대학의 전공 또는 교양 과목에서 제시되는 글쓰기 주제로서, 보고서로 작성해야 할 대상이 됨
구성 요소	주제어: 전체 보고서의 주제를 담고 있는 핵심어 핵심 내용: 보고서에서 다뤄야 할 핵심적인 내용

동물실험은 과학적으로 유용한가? 이에 대한 자신의 견해를 기술하시오.

↑ 주제어 (동물실험은)
↑ 핵심내용 ① (과학적으로 유용한가?)
↑ 핵심내용 ② (자신의 견해)

2. 보고서 유형 파악하기

① 설명적 보고서

정의	어떤 대상이나 문제에 대하여 조사한 후 그 과정과 결과를 설명한 글
표현	~을 설명하시오 / 분석하시오 / 조사하시오 / 정리하시오
예	공정무역의 현황 및 실태를 조사하고, 향후 개선 방안을 정리하라.

② 논증적 보고서

정의	어떤 쟁점이 있는 주제에 대한 자신의 견해를 논리적으로 증명한 글
표현	~에 대한 생각을 / 견해를 / 입장을 기술하시오
예	동물실험의 과학적 유용성에 대한 자신의 견해를 기술하시오.

③ 감상적 보고서

정의	어떤 대상에 대해 자신이 감상하거나 해석한 것을 기술한 글
표현	~ 에 대해 느낀 점을 / 감상을 기술하시오 ~ 을 읽고 / 보고 / 감상하고 느낀 점을 기술하시오
예	세르반테스의 소설 『돈키호테』를 읽고 느낀 점을 자유롭게 기술하시오

주제 정하기

1. 주제의 개념

주제란?	글의 화제(Topic)를 통해 드러내고자 하는 중심 생각

2. 주제를 결정하는 과정

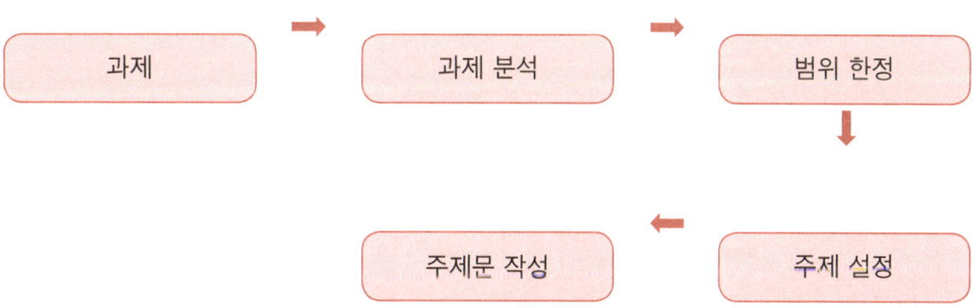

과제	동물실험은 과학적으로 유용한가? 이에 대한 자신의 견해를 기술하시오. ↑ 주제어 (동물실험은) / ↑ 핵심내용 ① (과학적으로 유용한가) / ↑ 핵심내용 ② (자신의 견해)
주제	지구온난화 문제의 근본적인 원인인 온실효과를 해결하기 위해서는 국가적인 정책 마련이 필요하다.

3. 주제를 정할 때 고려해야 할 점

- ✔ 보고서를 누가 읽을 것인가?
- ✔ 화제나 주제의 범위가 너무 크지 않은가?
- ✔ 주제에 대해 관심과 흥미가 있는가?
- ✔ 주제에 대해 경험한 적이 있거나 잘 알고 있는가?

보고서 개요 쓰기

1. 개요의 개념

구분	내용
개요란?	글에서 꼭 필요한 내용과 구성을 정리한 것
목적	글쓰기를 할 때 주제와 세부 내용을 정한 다음, 글의 구조에 맞게 각 문단의 내용을 계획하고, 정리하기 위해 개요를 작성함

2. 개요를 쓰는 과정

주제 및 세부 내용 파악하기 → 서론, 본론, 결론에 들어갈 내용 정리하기 → 내용 삭제/추가하기 → 개요 점검하기

3. 개요를 쓸 때 고려해야 할 점

- ✔ 서론, 본론, 결론에 각각 어울리는 내용이 들어갔는가?
- ✔ 필요한 내용이 모두 들어갔는가?
- ✔ 본문에 들어가야 할 내용이 적절하게 배치되었는가?
- ✔ 빼야 할 내용은 없는가?

4. 개요의 예시

① 서론	최근 지구온난화 문제가 심각해지고 있음
② 본론	지구온난화의 원인 - 온실가스 - 인간의 인위적 활동
	지구온난화의 문제 - 직접 피해 → 질병, 이상 기후… - 간접 피해
	지구온난화의 해결 방안 - 개인적인 노력 - 국가적인 노력
③ 결론	지구온난화를 해결하기 위한 적극적인 노력이 필요함

제목과 목차

1. 제목과 목차를 쓰는 방법

제목	글의 핵심 내용을 핵심어를 사용해 표현한 것 글의 주제를 보여주어야 함 명사형으로 써야 함
목차	전체 보고서가 어떻게 구성되어 있는지 보여주는 것 서론, 본론, 결론의 순서와 내용에 맞게 제시해야 함

2. 제목과 목차의 예시

2019년 2학기 사고와표현 기말 보고서

지구온난화의 원인과 해결 방안

전공: 경영학과
학번: 20191000
이름: 김 수 진

〈목차〉

1. 서론

2. 지구온난화의 원인
   2.1. 온실가스의 배출
   2.2. 인간의 인위적 활동

3. 지구온난화로 인한 피해
   3.1. 직접적인 피해
   3.2. 간접적인 피해

4. 지구온난화의 해결 방안

5. 결론

1. 서론

최근 지구 곳곳에서 이상 기온 현상이 나타나고 있다. 갑자기 춥거나 더워

서론 쓰기

1. 서론의 구성

- **목적**: 보고서를 쓰는 이유
- **현황**: 주제와 관련된 현재의 상황(신문 기사, 통계자료, 실험 결과)
- **문제 제기**: 현황의 문제점, 미흡한 점을 통해 드러나는 보고서의 필요성
- **연구 방법**: 문헌 연구, 설문 조사, 인터뷰 조사, 실험 등의 방법

2. 서론의 예시

현황

최근 지구 곳곳에서 이상 기온 현상이 나타나고 있다. 갑자기 춥거나 더워지기도 하고, 기상예보와는 상관없이 폭설이나 폭우가 쏟아지기도 한다. 전문가들은 이와 같은 이상 기후의 원인이 지구온난화로 인한 북극 기온의 상승에 있다고 지적한다. 강신우(2018)에 따르면 북극은 해류와 대기를 순환시켜 지구의 온도를 조절하는 '지구의 에어컨' 역할을 한다. 그러나 지구온난화로 인해 북극이 다른 지역에 비해 2~3배 더 빠르게 데워지면서 여러 문제가 발생하고 있는 것이다. **이처럼** 지구온난화는 다양한 방식으로 인간과 생태계**를 위협하고 있다**. **그러나** 우리는 아직까지 이러한 위기에 적절하게 대처하**지 못하고 있다**.

문제 제기

목적

이 보고서는 지구온난화 문제의 원인을 알아보고 그 해결 방안을 찾**는 데에 목적이 있다**. 이를 위해 이 보고서에서는 지구온난화와 관련된 다양한 연구들**을 분석함으로써** 문제의 원인과 해결 방안을 제안하고자 한다.

연구 방법

3. 서론을 쓸 때 사용할 수 있는 표현

구분	내용
① 목적	이 보고서는 ~ -는 데에 목적이 있다. 이 보고서의 목적은 ~ -는 데에 있다. 이 보고서에서는 ~ -고자 한다. 예) **이 연구의 목적**은 대학생들의 스트레스의 원인을 알아보고 그 해소 방안을 모색하는 **데에 있다**.
② 현황	~ -는 현상이 나타나고 있다. ~ -는 상황이다. ~ -는 추세이다. 예) 최근 절도, 음주 운전, 폭행 등 스트레스로 인한 대학생 범죄가 매년 5~10% 증가하고 있는 **상황이다**.
③ 문제 제기	~ -다는 문제가 있다. ~ -(으)ㄹ 우려가 있다. 예) 이와 같이 요즘 대학생들이 스트레스로 인하여 겪는 고통은 **심각한 수준이라고 할 수 있다**. 이러한 문제가 해결되지 못한다면 대학생 범죄율이 더욱 높아**질 우려가 있다**.
④ 연구 방법	이 보고서에서는 ~ 을 검토해/분석해 보았다. ~ 을 검토함으로써/분석함으로써 ~ -고자 한다. ~ 을 대상으로 한 설문조사/인터뷰를 통해 ~ -(으)ㄹ 것이다. 예) **본 연구에서는** K대학의 학부생 100명을 **대상으로 설문조사를 실시하고**, 5명의 학부생을 대상으로 **인터뷰를 해 보았다**.

본론 쓰기

1. 본론의 구성

- 서론에서 도입한 주제에 대한 **구체적인 설명** 또는 **주장과 근거**

2. 본론의 설명 방식

유형	설명 방식
문제의 원인과 해결	A의 원인 ➡ A의 원인
분류 / 분석	A의 종류 / 구성 ➡ 설명과 예시
비교와 대조	A와 B의 공통점 ➡ A와 B의 차이점
주장과 근거	A에 대한 주장 ➡ 근거

결론 쓰기

1. 결론의 구성

- **중심 내용 요약**: 보고서의 주요 내용을 정리·요약
- **의의**: 보고서의 가치, 특별한 점
- **한계**: 보고서의 부족한 점
- **전망 및 제언**: 주제와 관련한 앞으로의 전망과 자신의 견해

2. 결론의 예시

요약 → **지금까지** 지구온난화의 원인과 문제점, 그에 대한 해결 방안**에 대해서 살펴보았다**. 이 보고서에서는 지구온난화는 인간의 인위적 활동에 의한 온실가스의 배출에 주된 원인이 있으며, 이는 인류에게 직·간접적인 피해를 줄 수 있다는 점을 파악하였다. 그리고 이를 해결하기 위해서는 개인적인 노력과 국가적인 노력이 동시에 이뤄져야 한다는 점을 제안해 보았다.

의의 → **이 연구의 의의는** 지구온난화와 관련된 다양한 문헌들을 분석하여 지구온난화 문제의 해결 방안까지 제시했다**는 데에 있다**.

전망 → 지구온난화 문제를 해결하지 못하면 앞으로 인류는 더욱 심각한 환경 문제에 직면하게 **될 것으로 보인다**. 이런 문제를 해결하**기 위해서는** 개인의 노력도 중요하지만 무엇보다 국가적인 정책 마련이 우선**되어야 할 것이다**. 국가에서는 환경을 보호하기 위한 법안들을 만들고, 지구온난화를 유발하는 행위에 대해 강력하게 규제할 필요가 있다. ← 제언

3. 결론을 쓸 때 사용할 수 있는 표현

구분	내용
① 연구 내용 요약	지금까지/이상으로 ~ 에 대해서 살펴보았다/알아보았다/논의하였다 이 보고서에서는 ~ 을 분석하였다/검토하였다/조사하였다 예) 지금까지 대학생들의 스트레스의 원인과 그 해소 방안에 대해서 살펴보았다.
② 전망 및 제언	앞으로/향후 ~ -(으)ㄹ 것으로 보인다/전망된다 -기 위해서 ~ -아야 할 것이다 예) 앞으로 이러한 전문 기관들의 설립을 구체화, 현실화하기 위한 연구가 더욱 활발하게 이어져야 한다.

③ 연구의 의의	이 연구의 의의는 ~ -는 데에 있다 예) 이 연구의 의의는 직접 대학생들에게 설문조사와 인터뷰를 실시하여 스트레스에 대한 그들의 생생한 의견을 알아볼 수 있었다는 데에 있다.
④ 연구의 한계	-는 한계로 지적될 수 있다 -다는 한계가 있다 예) 그러나 설문조사의 대상이 적어서 조사 결과를 일반화하기 어려운 점은 한계로 지적될 수 있다.

참고문헌 정리하기

1. 참고문헌 쓰는 방법

- 보고서에 인용을 하지 않았어도 참고했다면 모두 참고문헌으로 작성함
- 국내 자료를 먼저 쓰고 국외 자료를 씀
- 국내 자료는 저자 성의 자모(ㄱ~ㅎ)순으로 쓰고, 국외 자료는 저자 성의 알파벳(A~Z)순으로 씀
- 저자의 이름이 같은 자료를 쓸 때는 출판연도가 빠른 것부터 씀

2. 참고문헌의 예시

〈참고문헌〉

박광영. 『지구촌 대재앙과 생존전략: 지구온난화와 기후변화』. 서울: 해맞이, 2009.
박헌렬. 『지구온난화, 그 영향과 예방』. 서울: 우용, 2012.
장원철 외. 『지구온난화 문제에 대한 국내외 동향과 그 대책에 관한 연구』, 『환경연구』, 18:1(1998):21-31.

고재원. 『英과학자 "지구온난화로 146년간 매초 원자폭탄 터진 꼴"』. 동아사이언스, 2019년 1월 8일.

William R.(1992). *The economics of global warming*. Washington : Institute for International Economics.

외국인을 위한 대학 한국어 1

비판적 읽기와 학문적 쓰기

초판 발행 2017년 3월 7일
개정판 1쇄 2019년 3월 7일
개정판 5쇄 2026년 3월 10일

지은이 고려대학교 기초교육원
사고와표현 교재편찬위원회
펴낸곳 고려대학교출판문화원
www.kupress.com
kupress@korea.ac.kr
(02841) 서울특별시 성북구 안암로 145
Tel 02-3290-4230, 4232
Fax 02-923-6311
찍은곳 네오프린텍(주)

ISBN 978-89-7641-927-9 03710

값 16,000원
※ 잘못 만들어진 책은 바꿔드립니다.